최고의 관리 능률향상을 위한 지침서!!

사람을 다루는 기술

지그 지글러 · 짐 새비지 지음 _ 한문연 옮김

아이템북스

■머리말

"당신이 종사하고 있는 분야가 어떤 종류이든, 당신이 직업을 얻고, 그 일을 계속하며, 그 분야에서 남보다 앞서 갈 수 있는 이유의 15%는 당신이 갖고 있는 기술과 지식 덕분이다."

인간공학자 카벳 로버트(Cavett Robert)가 한 말이다.

그렇다면 나머지 85%의 이유는 무엇인가? 스탠포드 연구소와 하버드 대학, 그리고 카네기 재단(이 재단에서는 100만 달러를 투자해 5년 동안 이 분야에 대해 연구했다)의 연구 결과를 인용하여 카벳은 다음과 같이 밝히고 있다.

"당신이 직장을 얻고, 그 직장에서 승진되는 이유의 85%는 사람을 다루는 기술과 지식에 있다."

나는 그의 주장이 옳다는 것을 확신한다. 개인적인 성장과 판매 훈련, 그리고 지그 지글러사의 운영 방법을 가르치기 위해 나는 전국 방방곡곡을 누비고 다녔다. 그러는 동안 나는 점점 더 절실한 필요를 느끼게 되었다. 더 풍성한 결실을 거두기 위해서는 자기 자신뿐만 아니라, 주위의 다른 사람들을 관리하는 방법을 더 많이 알아야 한다는 것을.

나는 각계각층에서 일하는 프로들을 매일같이 만나고 있다. 그 덕분에 나는 사람들이 무엇으로 고민하고 있는지 꽤 많이 알고 있다고 자부한다. 물론 내가 알고 있는 것이 전부는 아니겠지만, 사람들이 고민하는 공통적인 문제는 다름아닌 사람에 관한 것이다!

그러므로 당신이 성공을 바란다면 사람을 관리하는 기술이야말로 가장 우선적으로 터득해야 할 과제이다. 타인은 물론 당신 자신을 관리하는 기술까지도 포함해서 말이다. 이 책에서는 무엇보다도 '사람을 관리하는 기술'을 다루고자 한다.

1. 우리는 인간 경영의 열쇠가 되는 요소를 밝힐 것이다. 갈등의 뿌리는 대부분 이 인간 경영이 잘못된 데 있다.
2. 우리는 잠재적인 갈등의 문제점들을 뿌리 뽑을 수 있는 해결책을 제시할 것이다.
3. 우리는 성공한 관리자들의 모범적인 사례들을 보여 주고, 그들의 사상과 원칙을 밝혀서 실제 생활에 응용할 수 있도록 도울 것이다.

《거대한 물결들(Megatrends)》를 지은 미래학자 존 네이스빗(John Naisbitt)은 말했다.

"1985년 이후 개혁과 정보의 시대에서 각 기업이 도전해야 할 것은 근로자들의 재훈련이 아니라 관리자들을 재훈련시키는 것이다."

이 책의 궁극적 목표는 이러한 사실을 염두에 두고 관리자들의 우수함을 계발하며, 사원들의 능력을 최대한으로 끌어낼 수 있는 방법과 영감을 부여하는 데 있다.

당신의 리더십을 원하도록 만들라

당신 자신과 다른 사람들의 능력을 계발하는 기초는 다음과 같은 원칙에 포함되어 있다.

다른 사람들이 원하는 것을 얻도록 당신이 도울 수 있다면, 당신은 인생에서 원하는 모든 것을 얻을 수 있다!

나는 약 30년 동안 이 원칙을 아주 기본적인 진리로 믿어 왔고, 당신 자신과 다른 사람들을 관리하는 데 이보다 더 정확한 개념은 아직 발견하지 못했다.

그렇지만 작전이 아니라 원칙에 대해서 이야기하고 있다는 것을 잘 이해해 주기 바란다. 작전이라는 말은 훨씬 아둔하고 비효율적으로 들린다. 원칙이라는 개념은 다른 사람들이 당신의 리더십을 원하도록 만들라는 것이다.

모든 분야에서 능력을 인정받고 있는 관리자들은 '사람을 최우선으로 둘 때 효율성이 증진된다'는 것을 잘 알고 있다.

다우 케미컬(Dow Chemical)사를 상속받아 옥시덴털 석유회사의 최고 경영자가 된 졸탄 메스젤(Zoltan Merszel)은 다음과 같이 말했다.

"내 철학은 사람들이 비즈니스를 만든다는 것이다. 기술력은 부차적인 문제이다."

당신의 모든 장점을 이용하라

당신이 경영의 기본 개념 중 하나가 '사람들을 통해서 뭔가를 이루어 나가는 것'이라고 생각한다면 기회는 얼마든지 있다.

한 꼬마가 복도를 치우려고 무거운 통나무를 그가 원하는 은신처로 옮기려고 한다. 용감은 하지만 헛된 노력을 할 때 위의 말은 그대로 적용된다.

꼬마가 애쓰고 있는 모습을 옆에서 지켜보고 있던 아버지가 물었다.

"애야, 넌 왜 모든 힘을 다 이용하지 않느냐?"

꼬마는 아버지의 말에 따라 온 힘을 다해 보지만 통나무는 꿈쩍도 않는다. 아버지는 다시 조용하게 말했다.

"넌 왜 모든 힘을 다 이용하지 않느냐?"

옆에 있는 아버지의 도움을 청하지 않았기 때문이다.

성공하는 관리자들이란 부하들의 육체적, 정신적, 영적인 재능을 활용하고 인정하며 발전시켜서 모든 능력을 이용한다. 그들은 무엇이 사람을 움직이도록 하는지 잘 알고 있으며 또한 자신의 리더십을 따르도록 사람의 감정을 흥분과 열정으로 몰아넣는다.

마지막으로 당신이 경영자이든 관리자이든 지도자이든 중역이든 또는 부모이든 의사든 교사든 그밖의 다른 전문가이든 간에 '발전하게 한다!'는 점은 분명한 사실이다.

만일 당신이 선택한 직종에서 능력 발휘를 잘 하지 못하고 있다면, 당신은 절호의 기회를 맞은 셈이다. 당신은 보다 더 성공할 수 있는 돌파구에 지금 서 있다. 당신이 선택한 직종에 관계없이, 이 책에는 당신 자신과 다른 사람들 속에 있는 우수함을 계발하는 방법이 구체적으로 쓰여 있다.

이제 당신은 앞으로 나아갈 준비를 해야만 한다. 지금까지 이야기해 온 대로 가장 실제적이고 정보가 집약된 내용들을 소개할 것이기 때문에 이제는 펜을 집어 들 때이다.

목 차

♠머리말 ·· 11

제1부 최고 실적의 기술

제 1 장 최고의 실적자가 되라 ································· 19
　　　● 인간 경영의 원칙 ··· 37
제 2 장 리더십을 원하도록 만들라 ·························· 38
　　　● 인간 경영의 원칙 ··· 55
제 3 장 장점 발견자가 되라 ······································ 56
　　　● 인간 경영의 원칙 ··· 88
제 4 장 최선을 기대하라 ··· 89
　　　● 인간 경영의 원칙 ··· 117
제 5 장 충성의 가치를 알라 ···································· 118
　　　● 인간 경영의 원칙 ··· 144
제 6 장 사람들의 관심거리를 알라 ························ 145
　　　● 인간 경영의 원칙 ··· 151

제 2 부 최고 실적의 과학

제 7 장 의사소통은 잘 되는가 ·· 155
   ● 인간 경영의 원칙 ·· 176
보너스장 모임을 위한 커뮤니케이션 ································ 177
제 8 장 사기를 진작시켜라 ·· 188
   ● 인간 경영의 원칙 ·· 211
제 9 장 대가를 지불하라 ··· 212
   ● 인간 경영의 원칙 ·· 239

제 1 부

최고 실적의 기술

제1장 최고의 실적자가 돼라

> 우리는 모든 것을 자유롭게 선택할 수 있다. 그러나 일단 선택하고 나면, 그 선택은 선택한 사람을 조종하게 된다.
> —메리 크로울리

인생에서 성공한다는 것은 우리들이 어떤 선택을 하느냐에 달려 있다. 당신이 성공을 원한다면 당신 자신과 다른 사람들을 관리하는 데 있어서 성공을 결정짓는 선택을 해야만 한다. 그 선택이 무엇이든지 간에 현명한 선택을 하려면 먼저 반작용과 호응의 차이점을 알아야 한다.

1981년 1월 23일, 나는 미주리 주의 캔자스시티에 있었다. 평소와 다를 바 없이 바쁜 하루였다. 우리가 흔히 넋두리를 하듯이, 그야말로 나는 솜뭉치가 되도록 지쳐 있었다.

그날 아침, 나는 장장 4시간에 걸쳐 녹음을 했다. 녹음을 할 때면 신경을 곤두세우지 않으면 안 된다. 그래야만 사람들의 사랑을 받을 수 있기 때문이다. 공을 들이지 않는다면 나의 녹음 카세트를 듣는 사람들은 잡념이 생겨서 내가 전하고자 하는 메시지를 흘려 버리고 말 것이다.

녹음을 하는 4시간 동안 나는 계속해서 속도감 있게 진행해 갔고 별 문제 될 것은 없었다(나는 1분에 약 280마디에서 450마디까지 녹음했다). 오후 1시에 녹음이 끝났다. 그리고 댈러스로 3시에 떠나도록 예정이 잡혀 있었기 때문에 서둘러야만 했다. 녹음장비를 모두 싣고 가려면 최소한 1시간 전에 공항에 도착해야 한다는 것이 항공사 측의 통보였다. 우리의 녹음장비는 그 규모가 대단히 컸다. 나의 사위인 차드 위트메이어가 녹음장비를 담당하고 있었다. 우리 두 사람은 최대한으로 시간을 아껴 가며 녹음장비를 싣고 공항으로 달렸다. 캔자스시티의 중심가에서 공항까지는 30분 가량 걸렸다.

정각 2시에 공항에 도착하고 보니 승객들이 두 줄로 서서 기다리고 있었다. 두 줄 가운데 짧은 쪽의 꽁무니에 붙었다. 나는 매표원 중 한 명이 카운터의 뒤쪽으로 걸어가는 것을 보았다. '휴무 중'이라는 팻말이 놓여 있는 카운터를 보고 나는 직감적으로 생각했다.

'그녀는 '휴무 중'이라는 팻말을 '근무 중'이라고 돌려 놓을 것이다. 그러면 금방 새로운 줄이 하나 더 생기겠지. 나는 재빨리 그쪽으로 달려갈 거야.'

만반의 준비태세를 갖추자 예상대로였다. 그녀는 '근무 중'이라고 팻말을 돌려 놓고 자리에 앉으면서 사람들을 향해 미소띤 표정으로 입을 열었다.

"3시 비행기의 좌석을 예약하신 분들은 이리로 오십시오."

세상에 이런 사람도 있다니, 놀랍군!

나는 번개처럼 그녀 앞으로 달려갔다. 그래서 맨 첫번째로 줄을 설 수 있었다. 그녀는 나를 빤히 쳐다보더니 웃으면서 말했다.
"댈러스행 3시 비행기는 취소되었습니다."
미안한 표정을 짓는 그녀를 향해 나는 말했다.
"잘된 일이군요!"
그러자 매표원은 어리둥절한 표정으로 내게 물었다.
"이상하시네요. 저는 분명히 댈러스행 3시 비행기가 취소되었다고 말씀드렸는데요? 그런데도 선생님은 왜 그것이 잘됐다고 말씀하시는 거죠?"
나는 웃으면서 그녀에게 말했다.
"잘된 일이고 말고요. 댈러스행 3시 비행기가 취소될 수 있는 이유는 세 가지뿐입니다. 첫째는 비행기에 잘못이 생겼을 경우이고, 두번째는 그 비행기를 몰고 갈 사람에게 잘못이 생겼을 경우이며, 세번째는 갑자기 기상조건이 나빠졌을 경우입니다. 그러므로 아가씨, 이 세 가지 이유 가운데 어느 한 가지라면 나는 거기에 가고 싶지 않습니다. 차라리 안 가는 편이 나은 일입니다. 그러니 잘됐다는 말밖에 달리 할 말이 있어요?"

나는 나쁜 소식을 전했단 말이오

당신은 나쁜 뉴스를 듣고도 기뻐하는 사람을 본 적이 있는가? 상대방이 인생의 덫에 걸려 신음하기를 기대하는 경우를 제외한다면, 그런 예는 결코 없을 것이다. 나의 긍정적인 반응에 대해, 매표원은 허리에 양손을 척 걸치더니 이렇게 말했다.
"손님, 저는 아직 할 말을 다하지 않았습니다. 어쨌든, 다음 비행기는 6시 5분에야 출발합니다."
이번에도 나는 긍정적으로 반응했다.

"정말 잘된 일이군요!"

다른 줄에 서 있던 사람들은 나를 이상한 눈초리로 쳐다보았다.

'만사가 다 잘됐다고 외쳐 대는 저 덜 떨어진 작자는 도대체 누구야?'

매표원은 나를 쳐다보면서 정색을 하고 말했다.

"무척 당황스럽군요, 손님! 캔자스시티의 공항에 네 시간 동안이나 갇혀 있어야 한다고 말씀드렸는데도 그것이 잘된 일이라고 말씀하실 수 있어요?"

나는 그녀를 향해 웃어 보였다.

"아가씨, 그것은 매우 간단한 이치입니다. 나는 쉰네 살이나 된 사람입니다. 그런데도 아직까지 미주리 주의 이 캔자스시티에서 네 시간 동안 지내 본 적이 없습니다. 이건 정말입니다. 지금 이 순간에도 이 지구상에는 추위와 배고픔에 시달리는 사람들이 많다는 것을 인정합니까? 나는 지금 대단히 훌륭한 건물 안에 있습니다. 이런 편리한 사무실을 공짜로 사용할 수 있다니, 정말 잘된 일 아닌가요?"

낙관자라도 그건 정말 어려운 일

당신은 어쩌면 이렇게 말하고 싶을지도 모른다.

"지글러 씨, 나는 이런 식의 적극적인 사고방식에 대한 이야기를 숱하게 들어왔습니다. 그러나 지글러 씨, 이건 좀 지나친 이야기가 아닙니까?"

또는 이렇게도 말할 수 있을 것이다.

"그렇게 말씀하신 것이 진심입니까? 진심에서 우러나 그런 말씀을 하시는 겁니까?"

그렇다면 나는 확실하게 말해 두고 싶다.
"나의 명예를 걸고 말합니다. 그것은 정말 나의 진심입니다."
당신은 이렇게 말할 수도 있을 것이다.
"좋습니다, 지글러 씨. 진심이라고 해둡시다. 그러나 제게 솔직하게 한번 말씀해 보십시오. 당신은 처음부터 그렇게 느끼셨는지요?"
그런 질문이 나온다면 나는 이렇게 대답할 수밖에 없다.
"물론 처음부터 그런 생각을 갖게 된 것은 아닙니다."
물론, 나는 태어날 때부터 그런 사고방식의 소유자는 아니다. 여행길에 시달린 사람이 항상 그렇듯이, 나 역시 한시라도 빨리 집으로 돌아가고 싶었다. 그러나 앞으로 네 시간 안에는 돌아갈 수 없다는 것이 너무나도 뻔했다. 적어도 나는 소극적인 사람은 아니다. 적극적인 사람이다.
집에 빨리 돌아가고 싶다고 상황에 반작용하는 것은 소극적인 사고의 결과이다. 그래서 나는 긍정적으로 상황에 호응하기로 한 것이다.
반작용하는 태도와 호응하는 태도가 똑같이 여겨진다면, 그 차이점을 설명해 보자.
당신이 병원에 갔는데 의사가 당신에게 처방해 주고 다음날 다시 오라고 말한다.
다음날 다시 갔을 때 의사는 걱정을 하면서 당신 몸이 '반작용'을 하니 처방을 바꿔야겠다고 말한다면, 당신은 아마 걱정이 될 것이다. 다른 한편으로 당신이 약에 '호응'한다고 말한다면 당신은 빨리 회복될 것을 믿고 미소를 지을 것이다.
반작용하는 것은 부정적이고, 호응하는 것은 긍정적이다. 선택은 당신이 하는 것이다! 당신이 인생에서 원하는 상황만을 만들

수는 없겠지만, 어떤 일이 일어나기 전에 상황에 맞추려고 하는 자세는 당신이 만들 수 있는 게 사실이다.

매표원이 나에게 비행기가 취소되었다고 말했을 때, 나는 화를 내며 이렇게 말할 수도 있었을 것이다.

"이럴 수가! 이럴 수가 있단 말이오. 나는 한 달 전에 이 비행기를 예약했고, 2주 전에 표를 구입했단 말이오. 당신이 한 시간 전에 도착하라고 해서 몹시 서둘러서 온 것부터, 당신이 하라고 한 것은 모두 다 했소. 내게 필요한 일이란 탑승권을 가지고 내 좌석을 배치받는 것뿐이오. 그런데 당신은 아무런 설명도 사과도 없이, 비행기가 취소되었다는 사실과 몇 가지 해야 할 일을 말해 주었을 뿐이오. 그렇다면 비행기가 취소된 이유는 도대체 뭐냔 말이오. 아까 오다가 비행기가 활주로 밖에서 대기하고 있는 것을 보았소. 당장 그 비행기를 꺼내와서 예정대로 댈러스로 비행해야 하지 않겠소? 어쨌거나 그 비행기는 활주로 밖에서 아무 것도 하질 않고 있잖소? 도대체 누가 댈러스행 비행을 취소하는 어리석은 짓을 했단 말이오?"

이렇게 다혈질적인 방법으로 반응했을 수도 있다. 그러나, 그렇다 하더라도 다음 비행기는 어쨌거나 6시 5분에 떠난다!

더 나은 내일을 위해서 호응하라

당신도 이미 알고 있는 바와 마찬가지로, 자기 자신이 변화시킬 수 없는 것이 몇 가지 있다. 만약 당신이 백인으로 태어났다면, 누가 뭐래도 죽을 때까지 백인으로 살아야 한다. 만약 당신이 흑인으로 태어났다면, 죽을 때까지 흑인으로 살지 않으면 안 된다. 그것뿐만이 아니다. 당신은 자신의 키를 한 치라도 더 자라게 할 수 없다. 당신의 생일, 당신의 출생지, 당신이 태어난 방식, 또는 당신을 낳아 준 어머니를 당신은 변경할 수가 없다.

당신의 모든 과거가 다 그렇다. 당신 마음대로 변화시킬 수 있는 것은 아무 것도 없다. 그러나 내일은 별개의 문제이다. 당신의 과거가 어떻든지 간에 내일은 백지상태로 놓여 있다. 그 백지 위에 무엇을 쓸 것인지는 당신의 선택에 달려 있다. 주위에 일어나는 부정적인 사건들에 대해서 반사적인 반응을 보일 것인지, 아니면 호응을 할 것인지는 오직 당신의 선택에 달려 있다.

당신이 경영자라면, 종업원들이 당신에게 무례하거나 몰지각한 행동을 하거나 또는 무분별하거나 상식에 벗어난 짓을 할 경우가 없지 않아 있다.

그때도 당신은 반작용의 반응을 보일 것인지, 아니면 호응할 것인지 둘 중의 하나를 선택해야 한다. 당신의 선택은 종업원과 당신 자신과의 관계에 중대한 영향을 미친다.

그렇다고 해서 남들을 지도하는 입장에 있는 당신이 항상 완전무결해야 한다는 이야기는 아니다. 그것은 현실적으로 불가능한 일이며, 바람직한 일도 아니다.

결국 경영자도 인간이고, 종업원들도 인간이며, 감정이 있다는 것을 알아야 한다. 따라서 모든 일을 잘 처리하자면 부정적인 반응이 아니라, 긍정적인 호응을 선택해야만 한다.

미국의 탁월한 컨설턴트이자 경영전문가 중 한 사람인 내 동료 프레드 스미스는 그의 명저 《당신과 당신의 정보망(You and Your Network)》에서 이 문제에 대해 몇 가지 유용한 충고를 하고 있다.

"다른 사람들이 우리를 독선적으로, 심하면 비열하고 조잡한 방법으로 다룰 때라도 그런 행동이 반드시 우리를 기분 상하게 하려는 의도에서 나온 것은 아니다. 간혹 그런 의미의 행동일 때도 있겠지만 일반적으로는 그들 자신이 화가 나기 때문에 그런 식으로 행동하는 경우가 대부분이다."

불쾌한 행동을 저지르는 것은 그 사람에게 도움이 필요하다는 호소일 뿐이다.

당신이 위와 같은 사실을 기억한다면, 당신은 남들보다 훨씬 발전할 수 있다.

당신이 지도적인 위치에 있다는 사실을 명심한다면 어떤 게임에서도 남들보다 앞서 갈 수 있을 것이다. 이 사실을 인정하고 받아들인다면 당신은 경영자로서 또는 한 인간으로서 해야 할 일을 좀더 침착하게, 좀더 품위있게 해내게 될 것이다.

그것은 오로지 당신에게 달려 있다

인생은 선택의 연속이다. 당신이 오늘은 무엇을 줄 것인지를 선택하는 것은 내일 당신이 무엇을 받을 것인지를 선택하는 것이다. 당신은 오늘 밤 술에 취하는 것을 선택할 수도 있다. 그러나 그것은 당신이 내일 비참함을 느낄 것을 선택하는 것이다.

당신은 오늘 담배를 한 개비 피우기로 선택할 수도 있다. 그러면 그것은 당신이 14분 더 일찍 죽기로 선택한 것이다. 당신은 몸이 비대한 사람이 되기를 선택할 수도 있고, 정상인 사람이 되기를 선택할 수도 있다. 행복한 사람이 되기를 선택할 수도 있고, 불행한 사람이 되기를 선택할 수도 있다. 권위를 인정받은 전문가들 중에는 미치광이가 되기로 결정할 수도 있다고 말하는 사람도 있다.

사실, 날이면 날마다 자기에게 주어진 책임에서 도피하는 사람들을 보는 것은 그리 어렵지 않다.

나는 지난 24년 동안, 나의 선택 덕분에 어린 시절 이후로 몸무게를 90kg 정도로 유지해 왔다. 나는 지난 24년을 지내오면서 불규칙하게 어떤 것을 먹어 본 적이 없기 때문에 그렇게 말할 수 있는 것이다.

나는 항상 먹는 것을 신중하게 계획하고 그 계획에 따랐다. 나는 하루에 세 번 정해진 시각에 식사를 한다. 따라서 내가 오늘 과식을 한다면, 내일 내 몸이 비대해지는 것을 선택하는 셈이다.

1972년 나는 몸이 비대해지지 않도록 해야겠다고 결심하고, 적절한 몸무게를 유지하기 위해서 대책을 세웠다. 이렇게 결심을 굳힌 것은 보다 나은 선택 중의 하나가 되었다.

나는 어느 날 밤을 결코 잊지 못한다. 내 아내 '빨강머리'와 나는 우리가 자주 들르는 아이스크림 가게에 있었다. 그때 한 젊은이와 그의 여자 친구가 들어왔다. 젊은이는 스무서너 살 가량 되어 보였다. 나는 아내의 옆구리를 살짝 찌르며 그 커플을 가리키면서 다음과 같이 말했다.

지그 : 당신, 저 커플이 보이오?
아내 : 네.
지그 : 젊은이에게 일어난 일이 얼마나 놀라운지도?
아내 : 무슨 말씀이세요?
지그 : 자, 그를 잘 살펴봐요! 어떤 사고를 당한 것 같지 않소. 그는 다친 게 분명하단 말이오.
아내 : 아, 여보! 그는 다친 게 아니에요. 이발소에 다녀온 것 같은데요.

지그 : 그럼, 저 사람은 저렇게 보이려고 돈까지 썼단 말이오? (나는 살아오면서 귀 윗부분 머리카락을 그렇게 잘라 버린 사람을 본 적이 없었다. 그것은 참 놀라운 일이었다!)
아내 : 저 사람은 뭔가 특이하고 기이해 보이려고 저렇게 한 거예요. 몇몇 록스타를 흉내낸 것뿐인데요, 뭐.

물론 우리는 자유의 나라에서 살고 있다. 어떻게 꾸미고 다니든 그것은 누구에게나 주어지는 자유이며, 각자의 취향에 따라 어떤 것이나 선택할 수는 있다.

그러나 무엇보다 중요하게 내가 강조하는 것은 젊은이가 그런 상식에 벗어난 방식을 선택했을 때, 그는 취직할 수 있는 기회를 98%나 잃게 된다는 사실을 알아 달라는 것이다. 그런 젊은이는 우리 회사에서도 절대로 고용하지 않는다. 그의 복장이 잘못 되었다고 설명해 주는 것은 시간을 낭비하는 일일 뿐이다.

만일 밤 늦게까지 텔레비전을 보거나 친구들과 어울려 다닌다면 그것은 그가 내일 학교에서나 직장에서 졸기로 작정한 것이나 마찬가지다. 그렇게 되면 그는 경쟁사회에서 살아나 성공하기 위해 알아야 할 정보를 그만큼 잃는 셈이다.

우리 자신이 천한 사람, 거친 사람, 무관심한 사람이 되기로 한다면, 그것은 우리가 남들로부터도 그렇게 대접받게 된다는 것을 의미한다. 마찬가지로 우리가 남들을 신중하게 대한다면, 우리 자신이 남들로부터 그렇게 대접받게 된다. 이런 예는 일일이 나열할 수 없을 정도로 허다하다. 여기에서 우리가 배워야 할 사실은 이런 것이다. '당신에게는 선택의 자유가 있다는 것, 하지만 오늘 당신이 한 그 선택은 내일 당신의 인생에서 무엇을 하게 될 것인지를 결정하는 일'이라는 사실이다.

당신은 관리자로서 성공하는 데 도움이 되는 대책을 취할 수가 있다. 또한 성공한 관리자의 경험을 무시해 버리고, 당신과 당신의 고용인에 대한 어떤 결과를 선택할 수도 있다.

그러나 우리는 고용인들에게 그들 자신이 그들의 태도와 행동에 책임이 있다는 것을 가르쳐야만 한다.

인생에는 좋은 것이든 나쁜 것이든 우리가 한 선택에는 결과가 있다!

언젠가는 그러한 결과에 대해서 철저하게 이해해야 할 것이고, 그런 이해가 올바른 선택을 하는 데 보다 많은 도움을 줄 것이다.

유명한 기독 실업인이요 작가인 메리 크로울리(Mary Crowley)는 말했다.

"우리는 모든 것을 자유롭게 선택할 수 있다. 그러나 일단 선택하고 나면, 그 선택은 선택한 사람을 조종하게 된다."

공항의 이야기로 되돌아가 보자

공항 카운터에서 나는 다른 선택을 할 수도 있었다. 화가 나서 고래고래 소리를 지르고, 으르렁거리며 온갖 불평과 불만을 다 늘어놓을 수도 있었다. 또는 다음과 같이 소리를 질러서 나 자신뿐만 아니라 주위의 모든 사람들을 당혹스럽게 할 수도 있었다.

"미쳤군. 그런 멍청한 짓이 어딨어! 나는 지쳐 죽을 지경이라구. 나는 늘 이 비행기를 이용해 왔다구! 게다가 가족들이 빨리 나를 봤으면 하는데다, 나도 마찬가지 심정이란 말이야! 누가 이런 결정을 한 거지? 누가 이런 결과에 책임을 지겠냐구?"

그렇다. 나는 이처럼 반사적인 반응을 선택할 수도 있었다. 그러나 그래도 여전히 다음 비행기는 6시 5분에 출발할 뿐이다.

선택은 당신 자신이 하는 것이다

나는 간단한 한 가지 이유 때문에 긍정적인 호응을 선택한다. 반작용의 반응을 보일 때 나타나는 현상들, 혈압이 오르거나 심장이 뛰거나 궤양이 생기거나 하는 것을 원치 않기 때문이다.

그래서 그런 상황에 반작용의 반응을 보내는 대신, 인생의 그런 부정적 상황에 호응하는 것을 선택했다. 호응하는 것이 다른 사람들에게는 이익이 되지 않는다고 하더라도, 나를 위해서 할 수 있는 최상의 선택이라고 나 자신을 설득한다.

자신을 위해 최상의 선택을 한다는 것은 분명히 자신의 분야에서 보다 나은 위치를 얻고, 타인에게도 도움을 주도록 계획하는 것이다. 당신은 긍정적으로 호응을 할 때 보다 유익하고, 보다 행복한 삶을 위해 진일보할 것이며, 고용인을 보다 효율적이고 능동적이며 행복한 방향으로 이끌 수 있을 것이다.

사실 나는 그런 이상한 공항에 근무하는 사람은 아무도 좋아하지 않는다. 이사회 회장에서부터 수하물을 취급하는 직원에 이르기까지 내가 아는 이름은 단 하나도 없다. 그러나 그들의 공항이며 그들이 취소하기로 결정했다면 비행기는 취소될 수밖에 없다. 그렇지만 그들은 나의 하루까지 취소할 수는 없다! 그 하루는 나만의 것이기 때문에.

신은 우리에게 어떻게 시간을 이용하는가 하는 방법에 대해 지침을 내렸다.

"기뻐하라! 그리고 그 안에서 즐거워하라."

이 책을 기술해 나감에 따라 우리는 적절한 선택을 해야 할 책임이 있는 관리자를 돕고, 올바른 결정을 할 수 있도록 구체적인 대책과 공식을 제시할 것이다.

무죄인가 아니면 유죄인가?

질문 : 당신이 혼자 오로지 당신의 비즈니스에 몰두해 일만을 생각하면서 차를 몰아 막 입구를 나설 때, 누군가 갑자기 당신의 차 앞으로 뛰어든다면 그래도 당신은 '중립적(냉정하다)'이라고 할 수 있겠는가?

당신은 힘을 다해 브레이크를 밟으면서 그 차를 피하려고 할 것이며, 클랙슨을 울려 대면서 동시에 소리까지 질러 댈 것이다.
"이런 멍청한 놈 같으니라구! 왜 앞을 똑바로 보고 다니지 않는 거야? 죽을 뻔했잖아. 그랬으면 당신, 어떻게 되는 줄 알아?"
당신은 그런 사고에 대해 잔뜩 화가 나서 다른 일을 하면서도 분이 가라앉지 않을 것이다. 당신은 주위의 모든 사람들이 다 들을 수 있을 만큼 큰소리로 악을 쓰면서, 계속 목청을 높여 대는 어리석음을 범하지는 않는가? 당신은 그런 사람들에게 왜 면허를 내주었는지 매우 못마땅해하지는 않는가?
사람들은 어떻게 그런 바보 천치 같은 잘못을 저지른단 말인가? 그러면서 당신은 계속해서 당신이 죽을 뻔했다는 것을 화가 나서 지껄인다.
"길거리에서 그런 놈들은 없애 버려야 해!"
당신은 분개하면서 그렇게 선포한다.
그러나 그러는 사이에 형편없이 차를 몰았던 상대방은 당신이란 사람이 존재하는지, 또는 당혹스런 일이 일어났는지조차 완전히 잊어버리고 즐겁게 지낸다.

  그렇지만 당신에게 그는 아직도 생활의 전부를 지배하는 사람이다. 그는 당신의 감정과 마음상태를 꽉 붙잡아 매두고 있다. 당신이 부정적인 반사반응을 보이는 한, 그는 당신의 생산성, 인간관계, 심지어 당신의 미래까지도 지배한다. 그럼에도 불구하고 그는 당신이 존재하는지조차 알지 못한다!

  우리들이 소유한 가장 큰 장점 중의 하나는 우리가 스스로 생각하고 행동하며 느끼는 방법을 선택할 수 있다는 것이다. 궁극적으로 우리가 어떤 억눌림을 당한 듯이 느끼고 있다면, 그것은 위에서 언급했던 운전기사와 같은 어느 누군가가 우리의 삶과 우리의 마음가짐을 지배하도록 자신을 내버려 두었기 때문이다.

  잠시 동안 우리 함께 생각해 보자. '당신의 어머니가 당신을 가졌을 때 거친 말 때문에 깜짝 놀라게 되었고, 그래서 당신이 그 이후로 큰 다갈색의 동물만 보면 두려워한다'고 생각하거나, 당신이 어느 누군가 때문에 이 모양이라고 생각한다면, 당신은 다음과 같이 생각하는 것이나 마찬가지이다. 현재 이 모양의 당신을 만든 사람을 심리학자에게 데려가 그를 치료하게 한다. 그러면 당신이 낫는다. 보라, 얼마나 바보 같은 생각인가?

  만일 당신이 떨어져서 팔이 부러진다면 친구를 의사한테 보내서 친구의 팔을 고치게 하지는 않을 것이다. 당신이 그랬다면 그야말로 미친 짓일 뿐이다. 당신은 당신 자신을 떠민 사람을 보내지도 않는다.

  당신 자신이 가야 한다. 자기 자신만이 자신에 대해 개인적인 책임을 지는 것이다. 당신의 정신적, 정서적 건강을 위해서도 마찬가지이다. 당신은 당신 개인의 책임을 받아들여야만 하는 것이다.

그렇다. 당신의 과거가 중요하다는 것은 나도 안다. 그러나 토니 캄폴로(Tony Campolo) 박사에 따르면 당신의 미래는 당신이 볼 수 있는 현재만큼 중요하지는 않다. 랄프 W. 에머슨(Ralph Waldo Emerson)은 인간의 내면을 비유하면서 '자기의 앞에 있는 것과 뒤에 있는 것은 중요하지가 않다'라고 했는데 이 지적은 정말 옳다. 특히 당신이 삶 속에서 매일의 도전에 호응하고 반작용적 반응을 하지 않는 태도를 익힐 때 더욱 옳은 말이다.

앞에서 꺼낸 얘기를 다시 반복하면 이렇다. 당신은 과거를 변화시킬 수는 없지만 미래는 백지와 같은 상태에 있다. 당신은 원하는 바를 그 백지 위에 써넣어 채울 수가 있다.

그렇지만 그렇게 하기 위해서는 긍정적인 상황과 부정적인 상황에 대응하는 방법을 배워야 한다. 당신은 당신이 실감하고 있는 것보다 훨씬 더 자기 자신을 비하해 왔다. 예를 들어 우리들 모두는 이렇게 말하면서 죄까지 짓는 경우가 허다하다.

"그 사람 때문에 미칠 지경이야."

그것은 단순히 그런 것만은 아니다. 어느 현자가 말한 것처럼, 접시 안에 스프가 없다면 스프를 휘저을 수가 없다. 당신이 이미 미쳐 있다면, 당신을 더 이상 미치도록 만들 사람은 아무도 없다. 그럴 경우 미친 듯한 행위가 문화적인 것이며, 결과적으로 오히려 정상인이 비문화적인 사람이 될 수도 있다.

어쩌면 당신은 며칠이나 몇 주 동안 다른 사람의 일상활동을 지켜 보고, 그들을 통해 많은 것을 배울 수 있을지도 모른다. 그렇지만 약 5분 정도, 역경에 처한 사람이 어떻게 반응하는지, 즉 긍정적으로 호응하는지 반사적으로 반응하는지를 지켜 보는 것도 좋다. 실제로 사람의 행동을 매일 관찰하는 것보다 어떤 상황 아래에서 5분 정도 잘 살펴봄으로써 훨씬 더 많은 것을 배울 수 있다.

부정적인 상황에 대해서 당신이 긍정적으로 호응하는 것이나, 또는 반사적 반응을 보이는 것은 모두 당신의 내부 심리를 보여 주는 것이다. 그런 반응들은 당신의 마음을 표출시킨 것이며, 실제로 당신이 어떤 유형의 사람인지를 나타낸다. 문제는 대다수 사람들이 호응하는 것보다는 반사적 반응을 보인다는 데에 있다. 인간은 인생에서 곤경과 반전(反轉)을 겪을 때마다 모든 일과 모든 사람에 대해 비난하려는 경향을 보인다.

모든 것에는 시작이 있다

어려움에 부딪쳤을 때 남을 핑계대는 반사적 반응은 오래 전부터 있어 왔다. 그것은 에덴 동산에서부터 시작되었다. 당신도 그 이야기를 알고 있을 것이다.

하나님은 아담과 이브를 에덴 동산에서 살게 하셨다. 하나님은 그들이 바라는 모든 것, 심지어는 상상하는 것도 허락하셨다. 그것은 전세계였다. 거기에는 말할 필요도 없이, 광산 소유권을 포함한 모든 것이 포함되어 있었다. 그 많은 부동산을 한번 상상해 보라. 정말 엄청나지 않은가?

하지만 특별히 한 나무에 열린 과실만은 따먹지 말라고 하셨다. 그런데 어떻게 되었던가? 당신은 그 결과를 익히 알고 있을 것이다. 그들은 그 열매를 따먹고 말았다.

하나님이 그날 저녁에 아담을 찾았다.
"아담아, 네가 어디 있느냐?"
아담은 기어 들어가는 목소리로 대답했다.
"여기 있나이다."
하나님은 아담에게 물었다.

"내가 너더러 먹지 말라 명한 그 나무의 열매를 네가 따먹었느냐?"

하나님이 원하셨던 것은 '예, 아니오'라는 간단한 대답이었다. 그러나 아담의 대답은 우리 자신이 어려움에 처했을 때 다른 누군가에게 핑계대는 원조가 되었다.

"하나님, 당신이 제게 주셔서 나와 함께 하게 하신 저 여자가 그 나무 과실을 내게 주므로 내가 먹었습니다."

하나님은 다시 이브에게 금지된 과일을 왜 먹었는지를 물었다.

"제 탓이 아닙니다. 뱀이 저를 꾀었나이다."(물론 뱀이 이 말을 뒷받침할 만한 근거를 가지고 있지는 않다.)

나는 이론적으로 도입한 이 예화가 완벽하게 옳은지는 잘 모르겠다. 그러나 어려움에 처했을 때 다른 사람에게 핑계를 대는 것은 분명 옳지 않은 일이다. 남을 탓하느라고 시간을 낭비하지 말라. 잘못에 대한 책임을 져라!

당신은 긍정적인가, 부정적인가?

나는 수많은 사람들을 알고 있다. 하지만 어떤 사람 덕분에 성공하게 되었다고 은덕을 돌리는 사람은 별로 보지 못했다. 누구도 이렇게 말하는 사람은 없다.

"나는 우리 경영자 덕분에 성공하게 되었습니다. 경영자는 나에게 공부를 시켜 주었고, 미래에 대비한 훈련도 하도록 해주었습니다. 오늘의 내가 있게 된 것은 다 그분의 격려 때문입니다."

이렇게 말하는 사람도 거의 없다.

"나는 나의 배우자 덕분에 성공하게 되었습니다. 나의 부모님도 빼놓을 수 없는 협력자였습니다. 그들은 밤낮으로 내가 성공할 수 있도록 지원해 주었습니다."

그렇다. 우리는 대부분이 우리의 못난 점에 대해서 남에게 핑계 대는 경향이 있다. 그러나 성공하게 될 경우에는 입을 다문다. 자신이 잘나서 성공하게 되었다고 말한다.

당신은 어떠한가? 당신은 부정적인 상황이라 해도 적극적으로 호응하여 그 상황을 개선시키는가, 아니면 부정적으로 반응하여 상황을 더 악화시키는가?

최고의 실적자가 되고 못 되는 것은 당신의 선택에 달려 있다. 이제 당신이 최고의 실적자가 되기 위해서 무엇을 해야 하고 또 어떻게 적극적으로 호응해야 하는지 결코 생각한 적이 없다면, 당신은 그 동안 변명만 해온 것이다. 그렇다면 이제 잠시만 기다려라. 다시는 결코 당신이 그런 변명을 하지 못하도록 하겠다.

이제부터 당신 자신은 물론이고 다른 사람들에게서 가장 최상의 실적을 얻어내도록, 당신이 적절한 선택을 하는 방법과 무엇을, 누가, 왜, 언제 그리고 어디서 적절한 선택을 해야 하는지를 살펴보자.

□ 인간 경영의 원칙

1. 당신의 과거가 어떻든지 간에 내일은 백지이다.
2. 모든 사람이 당신의 도움을 필요로 하고 있다.
3. 핑계대는 것은 시간 낭비에 불과하다.
4. 오늘 당신이 선택하는 것은 내일 당신이 무엇을 갖게 될지, 어떤 사람이 될지, 무엇을 할지를 결정하는 것이다.
5. 최고의 실적자는 선택을 잘 하는 사람이다.

제 2 장 리더십을 원하도록 만들라

> 리더십이란 무엇인가? 리더십이란 당신이 원하는 바를 다른 사람들도 원하도록 만들어 그들로 하여금 그것을 행하게 유도하는 기술이다.
> —드와이트 D. 아이젠하워

1984년 7월 나의 저서 《판매 종결의 비결(Secrets of Closing the Sale)》을 판촉하기 위하여 나는 미국 중서부를 여행 중이었다. 그런데 내 인생에서 또 다른 면을 즐길 수 있는 일이 일어났다. 스케줄은 너무 빡빡했지만 몇 번의 예외도 있어서 중부는 나에게 매우 인상적인 곳이 되었다.

서점에서는 많은 책을 팔 수 있었기 때문에 사인회를 기꺼이 후원했고, 그 사인회를 통해서 사업을 확장해 나갔다. 그러한 여러 가지 상황을 보내면서 나는 오전 2시 30분에 텍사스 주 휴스턴 시의 어느 아름다운 호텔에서 일과를 정리했다.

정말로 모든 일과가 정확하게 진행되는 놀라운 상황이어서 나는 매우 기뻤다. 훌륭한 인터뷰와 친절한 사람들, 그리고 상당한 분량의 책 판매가 이루어졌고, 첫번째 인터뷰는 드디어 다음날 오전

11시가 되어서 시작되었다.

유머 감각은 일에 도움이 된다

내가 등록하려고 안내계로 다가갔을 때 접수계 직원이 나를 힐끔 쳐다보더니, 일이 엉망이 되었다는 표정을 지어 보였다. 그녀는 친구를 잃어버렸을 뿐만 아니라 손에는 M&M's 초콜릿이 녹고 있고, 또 우편요금을 부담해야 하는 잡동사니 우편물로 쩔쩔매고 있었다.

나는 그녀가 처한 심각한 사태에도 불구하고 적극적으로 그녀의 책상으로 가서 변화를 일으켰다.

지그 : 안녕하세요. 잘 돼 갑니까?
직원 : 네, 잘 되어 갑니다.
지그 : 물론 당신이 잘 해내겠지요. 뿐만 아니라 이길 수도 있겠다는 확신이 생기는군요.
직원 : 선생님은 이렇게 늦었는데도 정말 기분이 좋으신 모양입니다!
지그 : 네 물론입니다. 오늘 아침에 일어났을 때, 벌써 게임을 하고 있었다는 것을 알았죠. 왜냐하면 어떤 사람들이 오늘 아침 나를 깨우지 않았으니까요. (그때 그녀는 거의 미소에 가깝게 웃음지었다.)
직원 : 그게 바로 최상의 방법이라는 생각이 드는데요.
지그 : 그렇겠네요.
직원 : 그건 그렇다치고, 선생님, 등록 접수증에 기입해 주세요.

내가 그녀에게 접수증을 되돌려주자, 그녀는 말했다.
"이제 신용 카드를 보여 주세요."

다행스럽게도 나는 그녀의 요구에 응할 수 있었다. 그래서 이런 글이 쓰인 신용 카드를 내밀었다.

신 용 카 드

유머 감각과 인생에 대한 진실한 열정이 넘치는 지적인 사람으로, 진실한 웃음을 주는 사람! (또는 세상에서 정말 보기 싫게 찡그린 얼굴을 가진 사람.)

서명

The Zig Ziglar Corporation

3330 Earhart. Suite 204 Carrollton. Texas 75006 · (214)233-9191

그녀는 카드를 보고 웃음을 터뜨렸고 이렇게 말하면서 성의까지 나타내 보였다.

"선생님이 오시게 되어서 참 기뻐요. 기분이 훨씬 좋아지는군요. 그렇지만 다른 확인증이 또 필요해요."

신 분 증 명 서

위 사람은 정직하고 성실하며, 열심히 일하고 돈을 지불하는 데 신용이 있다. 애국적이며 신을 경외하고 가족을 사랑하는 사람이므로 나는 주저없이 위 사람을 무한한 현금 구매 능력자로 추천한다!

Zig Ziglar

그녀의 말에 나는 카드를 뒤집었다. 카드 뒷면에 쓰인 글을 보자마자 그녀는 거의 마룻바닥에 구를 듯이 웃었다.

질문 : 당신은 그녀가 교대시간까지 더욱 일을 잘 했을 것이라고 생각하는가?
답변 : 당신에게 대답을 하건대 분명히 그렇다.
질문 : 왜 그런가?
답변 : 마음가짐의 변화 때문이다.

각박한 이 세상에서 유머 감각은 정신적, 육체적 건강에 매우 중요한 역할을 할 수 있다고 믿기 때문에 이 에피소드를 말한 것이다. 유머는 우리가 다른 사람들과 인간관계를 맺는 데 도움을 주며, 좀더 우리를 알고 싶어하도록 하고, 리더십과 지도를 따르도록 유도한다.

로버트 드브륀(Robert DeBruyn)은 《당신의 리더십을 원하도록 만들라》는 명저를 집필했다. 이 책은 특히 교육자들을 위한 내용이므로 나는 이 책을 추천한다. 이 책은 매우 다양한 실용적 개념을 담고 있다. 그러므로 모든 최고 실적자들이 읽을 만한 가치가 있을 것이다.

결국 경영인들의 가장 중요한 역할 중의 하나는 가르치는 것이다. 실제로 나는 리더십을 능가하는 것이 경영능력이라고 믿고 있다. 경영이란 조직의 목표와 개인의 목표를 융합, 조화시켜 양쪽에 다 도움이 되도록 하는 특별한 종류의 리더십이라고 여기기 때문이다.

만약 개인의 목표가 조직의 목표보다 훨씬 더 중요하다거나, 개인의 목표가 조직의 목표와 상충된다면 그 조직은 잘 굴러가지 않을 것이다. 마찬가지로 조직의 목표가 개인의 목표를 가려 버리거나 개인의 목표와 상충된다면 그 사람은 피로울 것이다. 훌륭한 경영인은 개인과 조직이 가진 힘을 잘 유도하여 양쪽 모두의 최대 이익을 위해서 투입하도록 한다.

이러한 상황은 분명히 우리가 공통적인 관심을 가지고 둘 이상의 사람이 모이는 장소이면 어느 곳이나, 그곳이 사무실이든, 선수팀 모임 장소든, 교회든, 집이든 기타 여러 장소에 모두 적용되는 것이 분명하다.

우리는 그런 공통의 관심을 증진시키는 데 목표를 두고 있으며, 개인과 조직체 양자가 서로 가능한 한 다양한 목표를 완수하도록 하는 데 목표를 둔다.

참다운 리더는 어떤 사람인가?

당신이 아무리 화려한 경력이 있고 기술적으로 뛰어나고 영리하다고 해도, 남들이 당신에게 자발적으로 협력해 주지 않는다면 당신은 결코 효율적인 지도자가 될 수 없다.

예를 들어 당신이 협조를 강요할 수 있는 사람의 수를 한번 세어 보자. 사장은 당신 상사이므로 제외한다. 또 당신과 동등한 지위에 있는 사람에게 협조를 강요할 수는 없다. 그렇다고 부하직원의 불만이나 고충을 해결해 주지도 않고 협력을 강요할 수는 없을 것이다.

오히려 당신에게 항상 동의만 하는 부하직원은 경계하라! 그런 부하직원은 자질이 부족하거나, 스스로 생각하는 능력이 떨어지거나 아니면 두 가지 경우 모두에 해당될 수도 있다.

협력이란 당신이 원하는 것을 그대로 남이 따르도록 하는 것이 아니다. 당신이 원하는 바를 남들도 스스로 원하도록 만드는 기술이다. '스스로 원한다'는 이 말에 많은 차이가 있다.

일반적으로 진정한 협력은 일정 기간 이상 지속되어 온 어떤 감정적 동조에 기반한다. 남들과 대립하기보다는 그들과 함께 일하고 그들의 깊은 감정까지 이해하는 지도자의 책임과 기회, 그것에 달린 것이다.

그렇다면 다른 사람들의 협조를 얻어내는 몇 가지 기초적 규칙들을 생각해 보자.

1. 자기가 모든 것을 다 가진 사람이 아니라는 것을 아는 사람, 그런 사람이 예민하고 유능한 지도자이다.
2. 활동적인 지도자는, 의견이 서로 일치하는 사람들끼리는 사이좋게 지낼 수 있고 함께 일할 수 있다는 것을 알고 있는 사람이다. 진정한 리더십이란 사이좋게 지내면서 함께 일하는 것, 의견이 일치되지 않는 이들로부터도 최대의 생산을 이끌어내는 기술이다.
3. 효율적인 지도자는 타인의 입장에서 사물을 바라보는 능력이 뛰어난 사람이다. 협조를 강요하지 않고, 협조를 함으로써 얻어질 이익을 납득시키는 사람이다.
4. 조직적인 지도자는 자신의 일을 신중하게 도모하여 자신의 아이디어가 가장 잘 받아들여질 수 있는 시간과 장소를 선택, 간단명료하게 제시한다.
5. 성공적인 지도자는 다른 사람의 의견이 언제나 부분적으로 옳다는 것을 인정하면서 이야기하는 사람이다. 그는 편견없이 자신의 아이디어를 제시하여 다른 사람이 열린 마음으로 협조할 수 있도록 유도한다.

왜 당신을 따른다고 생각하는가?

나는 당신이 당신의 흥미와 주의를 끄는 '주의 집중'이라는 형식의 질문들을 언젠가 한번쯤 경험하기를 바란다.

당신은 경영자 혹은 관리자로서 당신의 장점을 기록한 사적인 목록이 있는가? 당신이 오늘날의 지위에 오르게 된 데에는 몇 가지 이유가 있을 것이다. 이것은 감추어 두었던 겸손함을 드러내는 시간이 아니다.

우선 다른 사람으로부터 들은 당신의 장점을 기억해 보자. 우리는 다른 사람을 볼 때 장점을 발견하도록 진지하게 그 중요성을 강조해야 한다. 일단은 경영자로서 당신 자신과 당신의 미래에 대한 몇 가지 사실들을 떠올려 보자. 계획력, 조직력, 커뮤니케이션 청취, 의사결정, 위임 그리고 동기부여와 같은 상황을 살펴보자.

더 진도를 나가기 전에 이쯤에서 당신이 관리자로서 가지고 있는 장점 열 가지를 간추려 적어 보자(P45의 표).

당신의 장점이 무엇이든 당신은 사람들을 관리하는 자로서 지금보다 더 유능해질 수가 있다.

존 록펠러는 말했다.

"나는 이 세상에서 다른 어떤 능력을 가진 사람보다도 사람을 다루는 능력이 있는 이에게 더 많은 봉급을 지불할 것이다."

다른 이들이 나 자신의 리더십과 경영을 원하도록 만들고 싶은가? 그렇다면 록펠러가 한 말처럼 사람을 다루는 기술자가 되어야 한다.

에머슨은 이렇게 말했다.

"우리가 가장 절실하게 필요로 하는 것은 우리에게 훌륭한 사람이 되도록 영감을 불어넣어 주는 사람이다."

다른 사람들이 나를 따르려 하는 중요한 이유

1. _____
2. _____
3. _____
4. _____
5. _____
6. _____
7. _____
8. _____
9. _____
10. _____

CBS뉴스 해설자인 댄 래더(Dan Rather)는 말했다.

"당신을 믿어 주고 위로해 주고 밀어 주고 또 때로는 '진실'이라는 날카로운 막대기로 질책도 하는 스승이 있음으로써 당신은 비로소 꿈꾸는 법을 배우게 된다."

당신이 관리자라면, 이 사람들이 말한 것뿐 아니라 그 이상의 것도 배워야 한다. 불가능한 일처럼 보일지 모르지만, 전혀 그렇지 않다. 사람을 관리하는 사업에서 전문가가 되는 일이란 매우 간단한 것이다. 나는 분명히 '쉽다'고는 하지 않았다. 인생에서 쉬운 것은 아무 것도 없다. 그러나 사람을 관리하는 기술이 복잡한 것은 결코 아님이 분명하다.

질문 : 관리자의 입장에서 누군가가 뛰어난 자질을 당신의 일에
바친다면, 그는 회사나 각 부서에서 각광받지 않을까?

그런 자질을 소유한 사람이란 정직하고 정열이 있으며 지적으로 훌륭한 교육을 받은 사람이다. 믿음직하고 아는 것이 많으면서도 겸손하게 열심히 일한다. 인내심이 강하고 정의로우며 조직성이 있어서 동기부여가 큰 사람이다. 그런 사람은 헌신적이며 야망이 크고 그래서 힘이 넘치며 목표 지향적이다. 또 품위도 있고 책임감이 강하며 생각이 깊고 따르는 사람도 많은 인물이다.

뿐만 아니라 이런 사람은 긍정적인 마음자세로 현명하게 사리판단을 한다. 신념이 강하며 훌륭하게 남의 말을 들어 주고, 놀라운 유머 감각을 지닌 진실한 성격을 소유한 사람이다.

질문 : 그렇다면 당신은 그런 사람이 당신의 회사에서 성공하기
위해 페어플레이를 할 것이라고 보는가?

두 가지 시각이 있다. 첫째, 사람들은 그런 사람이 회사에서 또는 그가 바라는 어떤 전문분야에서 적절한 수련으로 성공하게 될 것이라고 생각한다. 둘째, 사람들은 이상하게도 그런 사람은 존재하지 않을 것이라고 생각한다. 그러나 당신에게 말하건대 그런 생각을 하고 있었다면 다시 한 번 생각해 보자.

어쩌면 이렇게 성공할 수 있는 자질을 소유하고 있는 사람이 바로 당신일지도 모른다. 이제 당신이 반발하고 나서기 전에 하나하나 따져 보자.

당신은 약간은 정직하고 약간은 정열적인 사람이다. 어느 정도 지적이고 기타 여러 가지 면에서 사실은 약간씩의 자질을 소유하

고 있을 것이다. 당신은 정말 훌륭한 인물이며 당신 회사 각 부서의 사람들도 마찬가지이다. 당신이 도전하고 책임져야 할 일은 당신이 소유한 자질을 보다 더 계발하고 이용해 보는 것이다.

사람들도 역시 그런 자질을 가지고 있으므로 자신들이 소유한 그 자질을 이용해 회사 내에서 동기부여하고 발전시켜 온 것이다.

이상에서 말한 간단한 논리는 관리자의 입장에 있는 당신이 회사 직원들 각자 속에 내재해 있는 그런 자질들을 보다 더 계발해야 할 필요가 있음을 시사하는 것이다.

어느 외딴 에스키모 마을에서는 몇 년 전까지만 해도 개싸움이 열리곤 했다. 나이든 어느 에스키모인에게 싸움 잘 하는 개 두 마리가 있었다. 이 두 마리 개는 매주 토요일만 되면 싸움을 해야 했다. 이 개가 이길 때도 있었고 저 개가 이길 때도 있었다. 이상한 것은 개 주인이 언제나 어떤 개가 이길지 잘 알고 있다는 사실이었다. 때문에 그는 사람들과의 내기에서 번번이 이기곤 했다.

너무나 늙어서 더 이상 싸울 수가 없게 된 개들이 마침내 은퇴를 하게 되었다. 그때 어떤 이가 개 주인에게 물었다.

"당신은 어느 개가 이길지 어떻게 번번이 알아맞힐 수 있었습니까?"

그러자 개 주인은 눈을 반짝이며 대답했다.

"이기기를 바라는 개에게 맛있는 음식을 많이 먹였지요. 물론 지기를 바라는 개에게는 시덥잖은 먹이만 주었죠."

현명한 짓이다. 그렇지 않은가? 관리자도 그렇게 해야 한다. 당신의 능력을 향상시키길 원하는가? 그렇다면 좋은 음식, 깨끗한 음식, 영양가 높은 음식, 막대한 정보를 규칙적으로 당신의 마음에 저장시켜야 한다.

당신은 자신이나 직원들이 가지고 있는 매우 뛰어난 성공의 자질을 왜 간파하지 못하는가? 당신이 가진 자질 중 일부는 정말 한계가 있을지도 모르겠지만, 종자 하나가 성장해 참나무가 된다는 것을 기억하라. 그리고 매일매일 좋은 책과 세미나, 카세트 테이프 등을 통해서 우수한 자질을 키우는 데 필요한 정보와 영감을 마음속에 살찌우자. 당신에게는 자신의 목표를 이루게 해줄 '놀라운 참나무'가 되도록 성격을 계속해서 계발하는 것이 중요하지 않겠는가?

강력한 제안 : 메모 카드에 성격상 뛰어난 자질을 쭉 써보자. 현재시제로 써서 매일 그것을 읽어 보도록 하라. 특히 자기 자신의 모습을 직접 볼 수 있는 거울 앞에 서서 그렇게 해보면 훨씬 효과적일 것이다. 그러면 당신은 정열적이고 설득력 있게 될 것이다. 잠들기 전에도 그렇게 하자. 당신의 잠재의식 속에 밤새도록 그 문구가 작용할 것이다.

나는 정직하다
나는 열성적이다
나는 지적이다
나는 자제한다

당신은 판단할 때 돌격형인가?

가정문제를 상담하는 어느 카운슬러가 밝힌 바에 의하면, 대부분의 아내들은 자기를 깔보지 않는 남편, 자기가 존경할 만한 남편을 가장 바람직한 남편상으로 꼽는다고 한다. 관리자나 지도자의 리드를 받는 팀원들도 마찬가지이다. 그들은 자기들을 깔보지 않는 지도자, 존경할 가치가 있는 그런 지도자를 바란다. 사람들이 정말 존경할 만한 인물이라면 그는 분명 남들을 무시하지 않는다.

몇 해 전에 강의 청탁을 받고 오하이오에 있는 조그만 마을로 가다가 연락할 일이 있어서 피츠버그에 들렀다.

나는 한 시간 정도 여유가 생겨서 그렇게 서두르지 않고 연락 장소로 가고 있었다. 젊은 두 남자가 길가에서 구두를 닦고 있는 것이 보였다.

그 중 한 명은 일명 '미스터 개성'이라고 할 만큼 즐겁고 신이 나 있어서, 마치 금방 어디 파티에라도 갈 것 같은 느낌이었다. 그런데 다른 녀석은 완전히 반대였다. 우울하고 말이 없으며 완전히 무표정한 그런 사람이었다. 그는 붙박이처럼 꼭 그 자리에 있을 뿐이었다.

나는 '개성있는 명랑한 녀석'이 내 구두를 닦아 주길 원했다. 그러나 내가 그들 곁으로 다가갔을 때, 그는 다른 손님의 구두를 닦느라고 정신이 없었고, 조용한 젊은 녀석이 내 구두를 닦아야 하는 형편이었으므로 나는 선택의 여지가 없었다.

나는 의자에 앉으면서 명랑하게 그에게 인사를 했다.

"안녕?"

그런데 그는 마치 내가 아무 말도 하지 않은 것처럼 그냥 쳐다볼 뿐이었다. 나는 그의 행동이 이상하여 많은 사람들을 상대하기에는 부적절하며, 그래서 대다수 사람들이 싫어하겠다는 생각조차 들었다. 그런 식의 행동은 그의 수입까지도 좌우할지 모른다.

그렇지만 나는 '어쩔 수 없는 낙천주의자'이기 때문에 내가 원하는 대로 구두나 잘 닦아 주면 그만이라는 생각으로 긍정하고 합리화시켰다.
  그 사람은 곧 가죽 닦는 비누를 써서 내 구두를 깨끗하게 닦기 시작했는데, 나는 곧 그가 매우 섬세한 성격의 소유자라는 것을 알 수 있었다. 특히 내 양말과 바지 끝에 비누가 묻지 않도록 아주 신경을 썼다. 그래서 나는 그의 세심함 때문에 기분이 좋아졌다.
  그가 구두를 말리는 동안 나는 그가 얼마나 주의 깊고 얼마나 효과적으로 일하는지를 알았다. 마지막으로 광택을 내는 일까지 끝마쳤을 때, 나는 그에게 오려고 옆의 구두닦이를 지나쳐 온 것이라는 생각까지 들었다.
  그는 매우 철저하고 주의 깊은 사람이었다. 사실, 그는 구두의 구석구석을 광택내려고 뒤쪽까지도 샅샅이 살펴보았는데, 나는 그런 구두닦이는 처음 보았다.
  그가 구두에 솔질을 시작했을 때, 예술가의 감각까지도 소유하고 있다는 것이 분명해졌다.
  그는 아주 훌륭하게 닦았고 나는 줄곧 더 관심이 갔다.
  헝겊으로 원하는 만큼의 광택을 얻으려면 열심히 힘을 써야 한다. 나는 그 젊은이를 유심히 살펴보고 있었다. 바로 옆에서는 그 시끄러운 녀석이 일을 다 끝내 버렸으므로 사람이 없어서 매우 조용해졌다. 그런데 나는 거의 알아들을 수 없는 "우-우" 하는 소리를 들었다.
  이쯤 되자 나는 이 젊은이가 심각한 장애인이라는 것을 알았다. 당신도 그런 생각이 들었을 테지만, 나도 물론 2센트 정도의 팁을 더 주고 싶어졌다. 내 판단대로 구두를 닦게 해서 내가 그 젊은이를 기쁘게 했다고 생각했다.
  나는 좀더 마음이 너그러워져서 그에게 많은 팁을 주고 싶어졌다. 그가 명랑하고 예의바르며 친절하고 개방적이라고 여기면서,

그리고 무엇보다 내 구두를 잘 닦아 주었기 때문에!
 말할 것도 없이 나에게는 아주 소중한 경험이었고, 또 이 젊은이는 내 구두를 닦았던 사람 중에 가장 많은 팁을 받았다.
 나는 종종 그 젊은이의 부모님이 그를 키울 때 어떤 일을 하셨을까 생각해 보았다. 그는 매우 깔끔하고 깨끗했으며 그의 능력의 높은 수준까지 잘 활용하고 있었다. 간단히 말하면 그의 부모님은 또는 누가 그를 키워주었든 간에, 특별한 사람들이고 탁월한 관리자들이었다.
 관리자인 우리가 할 일은 사람들이 가지고 있는 능력을 더욱 증대시켜, 그들의 능력을 효율적으로 이끌어 활용하는 것이다.
 프레드 스미스는 말했다.
 "관리자란, 직원들보다 더 일을 잘 하는 사람이 아니다. 관리자 자신이 할 수 있는 그 이상으로 직원들이 그 일을 해내도록 하는 사람이다."
 나는 종종 우리 회사에 근무하는 직원들 대부분이 생각 외로 훨씬 많은 능력을 가지고 있음을 알고 번번이 놀라곤 한다. 자신이 소유한 자질을 뒤늦게야 깨닫고, 그래서 소질이 늦게 계발되는 경우도 적지 않다.
 그랜드마 모세스(Grandma Moses)는 중년이 되어서야 그림 그리기를 시작했다. 알버트 아인슈타인은 네 살이 넘어서야 비로소 걷고 말하기 시작했다. 토머스 에디슨은 어릴 때 바보로 취급당했다. 조지 웨스팅하우스(George Westinghouse)는 대학시절, 대학에 다닐 자격이 없는 무능력자로 찍혀 교수로부터 대학을 떠나는 것이 좋겠다는 충고를 받았다. 그러나 그는 스무 살이 되기도 전에 로터리 스팀 엔진에 대한 특허권을 따냈다!
 내가 말하고 싶은 것은 바로 이것이다. 누구에게나 다 상당한 능력이 있음에도 불구하고, 대부분은 그것을 계발하지 못하고 있다는 것이다. 그리고 이런 사실은 항상 눈에 띄는 것도 아니다. 구두닦이 젊은이처럼 많은 사람들은 그들이 해야 하는 그 놀라운 일을 자발적으로 하지 않는다.

당신은 관리자로서 당신의 부서에 있는 사람들의 재능을 파악해서 그것을 계발하도록 신경을 써야 한다.

성공을 위한 GEL 공식

당신 부서의 책임은 공통의 목표를 위해 협조해 가며 일하는 것에 있다는 것을 당신도 익히 알고 있을 것이다.

1984년에 개최된 로스앤젤레스 올림픽은 의심할 여지없이 성공적이었다. 그렇게 큰 성공을 거두게 된 데에는 피터 우에베로스(Peter Ueberroth)라는 관리자가 있었기 때문이었다. 그와 함께 일했던 사람들의 말에 의하면, 그는 개인보다 더 위대한 어떤 것을 위해 종사하고 있다는 사실을 모두가 믿도록 만들었다. 그에게는 무엇보다도 사람을 다루는 기술이 있었다. 즉 그는 팀 정신을 계발하여 모두가 한 가지 목적을 위해서 함께 일하도록 만들었다. 조직의 규모가 크든 작든 간에 먼저 성공의 공식을 이해하면 누구나 그런 일을 해낼 수 있다.

단체의 노력을 강조한 글들은 허다하게 많다. 그것은 가정에서도 중요하고, 운동에서도 중요한 것이다. 직장에서도 마찬가지로 중요하다.

내 친구 중 하나는 최근 자기 아들이 속해 있는 야구팀에 대해 의논할 기회를 갖게 되었다. 그 팀은 초창기에는 매우 괄목할 만한 성적을 기록했다. 그 팀에는 소위 '슈퍼스타'는 없었다. 그러나 상당한 훈련을 했고, 그래서 개인적인 재능이 월등한 팀에 이길 수 있는 단체 플레이를 계속 해냈다. 그들은 좋은 기록을 냈다.

사실 그 팀의 후보선수 중에는 경험 많은 두 명의 선수가 있었지만, 원기를 회복하기 위해 쉬고 있는 중이었다. 학기가 바뀌면서 그들이 마침내 팀에 합류했다. 이 두 선수는 개인적으로는 더 빠르고 강한 훌륭한 공격수임에 틀림없었다. 그러나 그들은 단체생활은 잘 하지 못했다. 그들 자신에게 주어진 재능은 있었지만 팀을 약화시키는 존재였다. 문제는 바로 이것이었다.

코치는 그들이 단체생활을 잘 하도록 이끌지 못했고, 때문에 그 팀은 고전을 면치 못했다.

우리는 남다른 재능이 있음에도 개인적으로 나쁜 습관이 있거나 팀의 일원으로서 처신하지 않기 때문에 팀의 장점으로서가 아니라 단점으로서 작용하는 사람들을 흔히 볼 수 있다.

그러므로 관리자에게 주어진 가장 중요한 책임은 각 개인을 전체가 되도록 만드는 데 있는 것이다. 다시 말해서 그들을 'GEL(GELATIN에서 유래한 것으로 '응고되어서 하나가 된다'는 것을 의미한다)'로 만드는 것이다.

체육계의 코치들은 흔히 팀 정신을 강조한다. 그들은 각 선수들에게 공통적인 목표를 위해 함께 경기하는 것이 중요하다고 강조한다. 승리라는 공통의 목표를 위해서 말이다! 코치들이 '하나' 라는 것을 강조하기 위해 쓰는 구호 중 하나가 'GEL'이다. 공격은 팀이 'GEL'이 되는 첫걸음이라고 그들은 말하리라. 그리고 또한 성공하기 위해서는 방어도 'GEL'이 되어야만 한다.

이 말은, 개인적으로 경기하지 말고 합심해서 경기에 임하라는 뜻이다. 개인적인 이익보다는 단체의 목적을 앞세워야 한다는 뜻이다. 단체가 이겨야만 팀원들이 이익을 얻을 수 있기 때문이다.

우리들은 목표 달성을 위해서 이 'GEL' 세 글자가 의미하는 것을 깊이 명심하고 사람을 다루는 관리자로서 숙련가가 되도록 노력해야 한다. 이것이야말로 가장 중요한 성공의 공식이기 때문이다.

다음 장에서부터는 이러한 실제 내용을 각각 다루어 보고, 최고의 실적자가 되기 위해 우리가 이 공식을 어떻게 활용할 것인지 구체적인 방안을 제시해 보겠다.

□ 인간 경영의 원칙

1. 공통의 목표와 공통의 이유가 위대한 성공으로 이끈다.
2. 협조하도록 강요는 하지 말라.
3. 당신의 장점과 단점을 파악하라.
4. 당신에게는 성공에 필요한 모든 자질들이 갖추어져 있다.
5. 재능은 감추어져 있을 때가 많다. 위대한 관리자는 사람들에게 감추어진 재능을 발견하고 계발한다.

제 3 장 장점 발견자가 돼라

> 인생이 얼마나 멀리 뻗어나갈 것인지는 자신이 젊은이들을 얼마나 부드럽게 대하고, 나이든 사람들을 얼마나 자비로 대하며, 애쓰는 사람들을 얼마나 칭찬의 말로 대할 것인지, 그리고 약자와 강자를 얼마나 관대하게 대할 것인지에 달려 있다. 왜냐하면 당신도 사노라면 언젠가는 이런 사람이 될 것이기 때문이다.
>
> —조지 워싱턴 카버

'GEL' 공식에서 첫번째 글자 'G'는 좋은 면을 발견하는 사람들(Goodfinders)을 나타낸다. 성공의 공식 중 첫번째는 좋은 면을 발견하는 사람이 돼라는 것이다. 최고의 실적을 기록하는 관리자들은 자신들이 관리하는 사람들 각자에게서 장점을 찾아내는 사람이다.

강철왕 앤드류 카네기는 말했다.

"다른 사람들을 부유하게 만들지 않는 사람은 부자가 될 수 없다."

그는 이 철학대로 살았다. 그와 함께 일한 사람들 중에서 43명의 백만장자가 나왔다는 사실이 이를 입증한다.

어느 기자가 카네기에게 물었다.

"어떻게 해서 그렇게 많은 백만장자를 고용하게 되었습니까?"

카네기는 차분하게 대답했다.

"일하러 올 당시에는 백만장자가 아니었지만, 열심히 일을 하다보니 백만장자가 되었습니다."

기자가 다시 물었다.

"그 사람들이 그렇게 돈을 벌 수 있도록 어떻게 계발했습니까?"

"당신이 다른 사람들과 더불어 일을 한다는 것은 곧 금광에서 일하는 것과 같습니다. 1온스의 금을 얻으려면 많은 흙을 파내야 합니다. 그러나 당신이 찾는 것은 흙이 아니지요. 당신이 찾는 것은 금입니다!"

잠재력을 최대로 계발한다는 것도 이와 같다. 당신은 금(장점)을 찾아야 한다. 일단 찾아낸 다음에는 그것을 키워서 열매를 맺게 해야 한다.

어떤 현자는 이렇게 말했다.

"우리가 다른 사람들에게 해줄 수 있는 가장 위대한 선행은 우리의 재산을 그들과 나누는 것이 아니라 그들이 무엇을 갖고 있는지 그들에게 자신을 발견할 수 있도록 하는 것입니다."

휴렛패커드사의 창설자 중 한 사람인 빌 휴렛(Bill Hewlett)은 말했다.

"우리의 정책은 사람들이 좋은 일, 창조적인 일을 하기를 원한다는 믿음에 근거하고 있습니다. 알맞은 분위기만 제공한다면 그들은 좋은 일, 창조적인 일을 기꺼이 하리라고 믿습니다."

사람들이 좋은 일을 하려고 하는데도 왜 우리는 그들이 성공하도록 지원하지 않고 있는가?

다음에 나오는 나의 어린 시절 이야기는 자기 자신이 할 수 있고, 해야만 하는 일을 효과적으로 해내지 못할 때, 그런 사람을 관리하는 방법들을 알게 한다.

아래의 이야기를 읽으면서 노만 빈센트 필 박사의 이 말도 명심해 주기 바란다.

"사람들의 고민은 비판에 의해서 구조되기보다는 칭찬으로 그 동안의 고민이 자취도 없이 사라지는 경우가 더 많습니다."

실적자가 아닌 실적을 비판하라

이 책의 독자 중에는 나의 저서 《부정적인 세계에서 긍정적인 아이로 키우기(Raising Positive Kids in a Negative World)》를 통해 다음 이야기를 접했을지도 모르겠다. 그러나 그 내용은 매우 중요한 것이므로 여기서 다시 반복해 보겠다. 나는 미시시피 주의 야주 시에서 어린 시절을 보냈다. 당시는 대공황이었다. 누구나 다 정신 바짝 차리고 열심히 일하지 않으면 입에 풀칠하기도 어려운 시절이었다.

나의 어머니는 국민학교 5학년까지밖에 못 다니셨지만, 나의 어머니야말로 지도자요 관리자로서 정상급이었다고 믿고 있다. 나의 아버지는 내가 다섯 살 때 돌아가셨다. 우리 형제들은 여섯이지만 일하기에는 아직 나이가 어렸다.

당시는 대공황이 절정에 달한 시기였다. 모두가 어려운 시절이었지만 우리는 어쨌든 살아남았다. 우리에게는 매우 넓은 밭과 다섯 마리의 암소가 있었다. 나는 여덟 살이 될 무렵부터 소의 젖을 짰고 밭에서 일했다. 그것은 가치있는 일이었다. 여기에서 나는 한

마디 꼭 짚고 넘어가고 싶다. 소들은 우유를 그냥 주지 않는다는 사실을 말이다. 한 방울 한 방울을 싸워 가며 짜내야 한다.

　어머니가 우리에게 일을 맡기실 때는 정해진 규칙이 있었다. 첫째로, 우리가 늘 최선을 다할 것을 기대하셨다. 둘째로, 일이 끝날 무렵에는 그 일을 어떻게 했는지 검사하는 것을 잊지 않으셨다.

　나는 최초로 맡겨진 그 일을 잊을 수가 없다. 어머니는 콩밭에서 어떻게 호미질을 하는지 잘 보여 주셨다. 일단 시범이 끝나자 어머니는 내가 호미질해야 할 세 고랑의 콩밭을 알려 주셨다. 그것은 자그마치 10리쯤은 뻗쳐 있는 고랑이었다.

　그 당시 나는 여덟 살이었지만, 사람들은 보통 열 살쯤으로 보곤 했다. 어쨌든 어머니는 그 일을 다 끝내고 나면 자신을 불러 달라고 말씀하셨다. 그래야만 내가 일을 잘 했는지를 검사할 수 있기 때문이다.

　마침내 일이 다 끝나자 나는 말씀대로 어머니를 불렀다. 어머니는 뒷짐을 지고 왼쪽부터 천천히 살펴보셨다. 어머니의 그 자세는 무언가 만족스럽지 못할 때 짓는 것이었다. 나는 어머니께 뭐가 잘못되었느냐고 물었다. 어머니는 웃으면서 말씀하셨다.

　"그래, 얘야, 마치 송아지가 헤매고 다닌 자국 같구나."

　오늘날에는 이 말이 무슨 뜻인지 언뜻 이해가 잘 안 될 것이다. 대공황 당시의 미시시피 주에서는 흔히 이런 표현을 쓰곤 했다. 이 말은, 해놓은 일이 만족스럽지 못하다는 뜻이었다. 분명히 어머니가 말씀하신 뜻을 알고 있었지만 상황을 모면하려고 나는 웃으면서 말했다.

　"엄마, 난 송아지를 헤매게 하진 않았다구요. 난 콩밭에서 호미질을 했을 뿐이라구요."

　어머니는 큰소리로 웃으시며 말씀하셨다.

"그래, 얘야. 엄마의 말은 이런 뜻이란다. 다른 아이라면 이 정도야 정말 잘 한 일이지. 하지만 넌 내 아들이잖니? 내 아들은 이것보다 더 잘 할 수 있단 말이야."

어머니의 그 말씀은 대단히 현명한 말씀이었다. 그녀는 실적을 비판했다. 비판당하는 것이 마땅했기 때문이다. 하지만 그녀는 실적자에 대해서는 칭찬했다. 실적자는 칭찬을 바라고 있었기 때문이었다.

체육계이든, 교육계이든, 가정이든, 사업계이든 마찬가지이다. 사람들로 하여금 최대로 생산을 하게 하고 모든 이에게 이익이 돌아가도록 관리를 하는 것이야말로 가장 효과적인 경영이다. 이러한 목적을 달성하기 위해서는 관리자로서 두 가지를 명심하고 있어야 한다. 하나는, 팀원 각자가 최선을 다할 것을 기대해야 한다. 또 하나는, 기대한 바를 얻었는지를 잊지 않고 검사해야 한다.

질문: 검사를 한 결과 능력에 비해 실적이 불만족스러운 사람이 있을 경우에는 어떻게 해야 하는가? 그를 멸시하는 것이 옳은가, 아니면 불평을 터뜨려야 옳은가?

답변: 그렇게 하면 안 된다. 멸시하거나 불평하는 것은 부담만 가중시킬 뿐이다. 팀원에 대해서 멸시하고 불평을 늘어놓는다면, 그 사람은 자신감을 잃게 되거나 앞으로 해야 할 일에 대해서 솔선수범을 하려고는 엄두도 못 낼 것이기 때문이다. 그런 푸대접은 푸대접을 당한 사람에게도 보탬이 되지 않을 뿐더러 회사에 대해서도 결코 도움이 되지 않는다.

질문: 그러면 어떻게 하는 것이 좋겠는가?

답변: 당신은 우리 어머니의 경고를 활용하는 것이 좋을 것이

다. 실적자를 비판하지 말고 실적을 비판하라!

효과적인 리더십이란 것도 이런 유형의 접근법을 요한다. 다른 사람들이 최선을 다해 주기를 기대한다면, 격려를 아끼지 말라. 그러면 그들은 최대의 결실을 위해서 자기의 능력을 최대한 사용할 것이다.

팀원들이 최대의 실적을 올리기를 원한다면, 그들의 인간적인 가치를 절대로 깎아내리지 말라. 그들을 존경하고, 그들의 능력을 인정해 주어야 한다. 그들의 능력에 맞지 않는 일을 맡기는 것은 당신의 잘못이지 그들의 잘못이 아니다.

경영의 ABC

켄 블랜차드(Ken Blanchard)는 《일분간 시리즈》의 공동 저술가이다. 이 책들은 몇 가지 기본적인 개념들을 알기 쉽게 정리해서 보여 주고 있다. 블랜차드 박사는 로버트 로버(Robert Lorber) 박사와 함께 《일분간 경영술》이라는 책을 쓰기도 했다. 이 책은 경영의 ABC가 무엇인지를 보여 주고, 몇 가지 놀라운 사실들을 잘 나타내고 있다.

- A : 활성제(Activators)…실적을 쌓기 이전에 관리자가 하는 활동
- B : 행위(Behavior)…실적, 말하고 행동하는 것
- C : 결과(Consequences)…일이 끝난 후 관리자가 하는 행위

블랜차드와 로버 박사는 다음과 같이 말한다.

"대부분의 사람들은 실적을 쌓기 이전에 관리자가 행하는 동기부여나 목표 설정이 실적에 막대한 영향력을 끼칠 것이라고 생각한다. 그러나 행위를 활성화하기 위한 이런 활동이 실적에 끼치는 영향력은 불과 15~25%밖에 안 된다. 행위를 좌우하는 75~85%는 칭찬이나 책망과 같은 결과에 의해서 영향을 받는다."

일을 다 끝내고 났을 때의 뒤처리가 일을 시작하기 전의 예비 활동보다 훨씬 막대한 영향력을 지닌다는 말이다. 다음과 같은 '1분' 어구를 잘 활용하자.

"사람들이 잘 하는 것을 알아차려라!"

사람들이 잘 하는 것을 곧 알아차릴 수 있다면, 그것이 아무리 사소한 내용이라 해도 사람들은 긍정적인 방향으로 계속해서 발전해 나갈 것이다.

이 말이 우리가 책임져야 하는 잘못까지도 무시해도 된다는 것을 의미하는가? 물론 그렇지는 않다. 그러나 이러한 잘못들을 다루는 정확한 방법이나, 일을 불만족스럽게 처리하는 사람을 다루는 확실한 방법은 있다. 이 장의 뒷부분에서 이런 문제를 다루겠다.

그렇지만 최고급 관리자란 다른 사람들에게서 좋은 점을 발견하는 것을 우선적인 일로 생각하는 사람이라는 것을 밝혀 둔다. 그럼에도, 단점을 찾아내는 것을 우선적인 일로 생각하는 관리자가 많다는 것은 안타까운 일이 아닐 수 없다.

행동은 때때로 감정을 지배한다

관리업무에 종사하면서도 우리는 대부분 좋은 점을 발견하는 사람이 아닌 경우가 많다. 오히려 종종 그와는 정반대의 경향을 띤다. 학교의 훈육주임이나 경찰서의 형사처럼 되는 경향이 있는 것이다.

지그 지글러사의 수석 부사장인 덴 루시엔(Den Roossien)은 매우 특별한 테크닉을 지니고 있다. 나는 그것을 가르쳐 주고 싶다. 덴은 우리 회사에서 날마다 자기 책임을 잘 완수하고 있다. 그는 경리사원 출신이다.

덴은 경리계통에서 사람을 다루는 기술은 그다지 필요하지 않다고 늘 말해 왔다. 하지만 실제로는 그렇지가 않았다. 그는 사실상 사람을 다루는 기술을 얻기 위해서 자기도 모르는 사이에 열심히 일하고 공부해 왔다.

나는 자신있게 말할 수 있다.

"그는 사람을 다루는 데 있어서 뛰어난 기술자다."

이것은 순전히 그가 헌신적으로 일하고 연구한 결과이다.

덴이 사용한 한 가지 테크닉은 업무일지를 아주 꼼꼼하게 기록하는 것이다. 거기에는 자기의 책임 하에 있는 사람들의 다양한 성공담도 빠뜨리지 않고 기록되어 있다. 창고에서 시급하게 물품을 출하시키는 것을 보기 위해서 늦게까지 회사에 남아 있었다는 것과, 월요일 아침이면 예배를 드리기 위해서 의자들을 정리정돈했다는 것까지도 빠짐없이 기록되어 있다. 나중에 커다란 열매를 가져오게 마련인 아주 작은 것들까지도 말이다.

그는 자기의 책임 하에 있는 사람이 남다른 노력을 기울였을 때에는 칭찬을 아끼지 않는다. 가능한 한 그 행위를 막 끝낸 직후에 그렇게 한다.

덴은 결국 이런 결론을 얻게 되었다.

'누군가 칭찬받을 만한 일을 했다면, 즉시 칭찬하라!'

그리고 업무일지는 연말이나 1년에 한 번씩 있는 선행자 표창에 중요한 자료가 되고 있다.

덴이 이렇게 자료를 정리할 때 소요되는 시간은 그 선의의 목적과 긍정적인 발전을 가져온다는 이점에서 볼 때 정말 가치가 있다. 물론 일일이 기억해서 기록하는 데에는 훈련이 필요하겠지만, 덴은 그 자료가 우리 회사에 긍정적인 영향을 미치는 요소가 된다는 것을 잘 알고 적극적으로 임한다. 다행스럽게도 덴은 원칙과 조직, 양자의 성격을 모두 잘 계발해 낸 것이다. (그가 너무나 꼼꼼해서 정기적으로 교정쇄까지 일일이 읽어 본다는 루머에도 불구하고.)

덴은 항상 이렇게 하는 것이 좋았을까? 분명히 그렇지는 않다. 그러나 때때로 행동은 감정을 지배한다. 긍정적으로 피드백해 보면 그런 행동을 달가워하지 않을지도 모르겠다. 그러므로 우리는 즉시 기록하고 격려해야 한다.

이해하는 것과 불평하는 것이 습관이 될 수 있다면, 장점을 발견하는 것은 왜 습관이 될 수 없겠는가? 한 가지 이유는 우리가 장점을 발견하는 훈련이 되어 있지 않다는 데 있다. 또 다른 분명한 이유는 우리가 직원이나 동료에게 해줄 수 있는 격려의 말 한 마디에 대한 효과를 완전하게 이해하지 못하고 있다는 점에 있다.

단점과 함께 장점도 지적하라

나의 절친한 친구이고, 연구협회 중역이며 이 책의 공저자인 짐 새비지는 배턴 루지에 있는 루이지애나 대학에서 은퇴한 교수에 대해 재미있는 이야기를 해준 적이 있다. 그는 심리학 교수였고 중국인이었지만 영어로 유창하게 대화를 했다. 강의 중에 웃음거리를 만들려고 마음만 먹는다면, 언제든지 그랬다. 그러면서 그는 찰리찬(Charlie Chan)의 흉내를 멋드러지게 냈다.

한번은 학기초에 한 학생이 시험 채점지를 받았는데 만화처럼 보이는 표시가 뒷면에 있었다. 그 시험지의 각 코너에는 딱 한 가지 표시만 되어 있었다. 시험지가 남들처럼 점수 처리가 되지 않은 것에 실망한 그 학생은 일어나서 납득할 만한 설명을 요구했다.

"선생님, 제 시험지만 빼고 다른 학생들 시험지만 채점하신 것이 이해가 되지 않습니다. 시험지 구석에 한 가지 표시만 되어 있어요! 그 표시는 무슨 뜻입니까?"

교수는 얼굴에 함빡 미소를 띠면서 그의 가장 큰 특기인 '찰리 찬'의 흉내를 내더니 극적인 효과를 위해서 조금 뜸을 들였다가, 300명이 있는 강당을 쭉 둘러본 후 다음과 같이 말을 이었다.

"0점이 그렇게 크게 표시된 거야. 시험 채점에는 적절하지가 않을 것 같아서 말이야."

나는 이 일화에 대해 생각해 보고 나서, 관리자들도 종종 그렇게 비슷한 게임을 할 것이라는 느낌을 받았다. 교수들이 농담으로 한마디 던지면, 그 말은 학생들을 당혹하게 만드는 것이다. 우리가 이러한 치명적인 게임을 하고 싶은 유혹을 받는 이유 중 하나는 그런 식으로 습관화되거나 연습해 왔기 때문이다.

당신도 학창시절을 떠올리면, 그 내용이 어떤 것인지 잘 알 것이다. 당신이 채점표를 돌려받았을 때, 85~90의 점수를 받았다고 할지라도, 시험지는 온통 빨간색으로 채점되어 있고, 마치 치명적인 부상을 당해서 결국에는 피를 흘리며 죽어가는 마지막 상황을 연상시킨다.

기억하는가? 점수는 소리친다.

"너는 두 개씩이나 틀렸어. 이 멍청한 놈 같으니라구!"

나는 당신과 내가 적어도 한 가지 면에서는 비슷하다고 생각한다. 우리가 우리의 일을 정확하게 하는 정도가 85~90%라면, 우리가 부족한 나머지 부분에 대해서 누군가가 그 파트의 일부를 지적해 주었으면 하고 바란다.

내가 선생님들과 함께 일할 때, 나는 종종 선생님들에게 빨간색 펜으로 채점하는 원칙을 없애고, 파란색 펜으로 정답을 채점해 달라고 부탁한다. 테스트란 평가방법일 뿐만 아니라 다시 가르침을 전달하는 도구이다. 우리는 누군가를 지적하려면 평가의 방식과 함께 그 사람을 잘 가르칠 수 있는 내용도 계획해야 한다.

인정해 주는 것은 모든 직업 분야에서 가르치고 고무하는 데 필요한 중요한 도구 중의 하나이다. 사람들이 잘못하는 것뿐만 아니라 잘 하는 것도 지적해 주어야 한다.

한 가지 작은 실수를 용납하지 않는 것, 그것은 현명하지 못하고 부당한 것이며, 생산성을 올리는 효과 면에서 치명적이다.

동기부여의 가장 큰 도구는 칭찬

　남을 가르칠 때나 동기부여를 할 때 당신이 사용할 수 있는 가장 효과적인 도구의 하나는 진실한 말로 칭찬하는 것이다. 특히 진실이 담긴 목소리로 칭찬하는 것이 중요하다. 칭찬의 말이 진지하면 진지할수록 그것은 더 효과적이다.
　그러나 불행하게도 대부분의 사람들은 마치 자신의 뼈를 깎아내는 것처럼, 또는 한정된 것을 조금씩 아껴 쓰고 있는 것처럼 칭찬의 말에 진실을 담아내지 못하고 있다.
　대부분의 사람들은 직장이나 개인생활, 가정생활 속에서 진실한 칭찬에 인색하다.
　저녁때쯤에 당신이 자랑스럽게 새 코트와 넥타이를 매고 돌아오면, 당신의 아내가 문 앞에서 마중의 인사를 할 것이다. 그녀는 두 눈을 크게 뜨고 당신의 새 옷과 당신의 자랑스런 행동거지에 초점을 맞추어 말을 건넨다.
　"여보! 당신 코트와 넥타이, 정말 멋지군요. 요즘엔 옷들이 복고풍으로 되어간다면서요?"
　그러나 당신은 사랑스런 아내를 다시 쳐다볼 뿐이다.
　당신이 저녁식탁에 앉아 아무 말 없이 음식만 쳐다보고 있으면 아내 혼자서 음식을 준비하랴 가족들에게 농담까지 하랴 정말로 힘들 것이다.
　"굉장한 요리입니다. 이런 요리는 정말 왕에게나 걸맞을 거라구요 — (잠깐 말을 멈췄다가) — 왕이시여, 여기 음식을 대령했나이다. 왕이시여!"
　이러한 아내의 노력에도 왜 당신은 여전히 칭찬에 인색한가!
　한편, 우리는 아무런 해가 되지 않을 것이라고 생각하면서 칭찬이나 유머로 상대를 속이며 앞지르려고 한다. 사소한 거짓 칭찬일지라도 상대방에게는 심각한 해가 될 수 있고, 치유할 수 없는 상처를 남기기도 하며, 반대로 전체에 영향을 미치기도 한다.

그런데 칭찬에 그렇게 인색한 것은 대부분 오해를 살 것을 꺼리기 때문이다. 만일 어떤 남자가 직장에서나 사회에서 만난 어느 매력적인 숙녀에게 이렇게 인사했다고 해보자.

"드레스가 눈부시게 아름답군요."

그녀는 그렇게 칭찬하게 된 동기가 무엇인지 이리저리 생각해 볼 것이다.

"그 시계가 참 멋있군요."

당신이 아는 남자에게 새삼스럽게 이런 칭찬을 했다면 그 남자는 뜻밖의 오해를 할 수도 있다.

'이 친구가 내게 뭘 바라고 있는 건 아닐까? 혹시 돈을 빌리고 싶어서 수작을 떠는지 모르니 조심해야겠어.'

그래서 위와 같은 두 칭찬이 매우 진지함에도 불구하고, 우리는 종종 오해의 두려움 때문에 그것을 잘 해내지 못한다. 이것은 두 사람을 잃어버리는 결과를 낳는다. 왜냐하면 당신도 역시 진지한 칭찬을 받을 수 없고, 동시에 당신 자신에게도 스스로 보다 좋은 감정을 가질 수 없기 때문이다. 칭찬을 하는 것은 두 배의 승리를 가져오는 것이다.

올바른 방법과 잘못된 방법

오랜 세월 동안 좋은 점을 발견하도록 애써 온 사람으로서 당신에게 헌신과 끈기만 있다면 어떤 사람이나 어떤 실적, 또는 어떤 상황에서도 좋은 점을 발견할 수가 있다는 것을 나는 확신한다. 하물며 고장난 시계도 하루에 두 번씩은 정확하지 않은가?
 이 점을 설명하기 위해서 코치하는 상황에서 잘못된 방법과 올바른 방법을 생각해 보자. 구체적인 예는 운동경기라고 해보자. 그러나 운동경기도 비즈니스, 교육, 가족 또는 교회에서와 같은 방식이 적용될 것이다.
 어느 축구팀의 공격팀 코치는 자기의 역할을 훌륭히 해낼 수 있는 선수를 데리고 있었는데, 그 선수는 상대 선수를 엉덩이로 밀어 넘어뜨리는 것을 못했다. 그래서 코치는 큰 목소리로 소리질렀다.
 "바보야, 엉덩이로 밀어 넘어뜨려!"
 선수는 '바보'라는 말을 들은 후 눈에 띄게 슬럼프에 빠졌고, 그의 귀는 핀의 앞머리처럼 움츠러들었다. 선수는 점점 코치의 그런 식의 잘못된 말을 듣고 싶지가 않았다. 그는 현재 4위 팀에 속해 있다. 그러나 그의 부모님은 그가 1위 팀에 속해 있는 것이 당연하다고 생각했다. 그의 여자친구는 1위 팀에 속해야 한다고 말했다.
 그 선수는 자기 자신이 코치 때문에 바보가 되지 않았다면, 그는 이미 1위 팀에 속해 있을 것이라는 사실을 잘 알고 있었다. 코치가 그에게 '바보'라고 말했을 때부터 그는 코치가 말하는 어떤 내용도 듣기 싫어졌다.
 그렇다면 이번에는 다른 방식으로 코치가 선수에게 말하는 것을 들어 보자.
 "이 사람아, 자네의 위치에서 그런 역할을 하는 것은 아주 훌륭한 일이지. 앞으로 자네가 조금만 더 엉덩이로 상대를 밀어 넘어뜨리고 뛰어나간다면, 그런 상대쯤 격파할 수 있어."
 코치의 그 말에 따라 경기를 진행하고 또 승리하면, 선수는 눈에 띄게 밝아지면서 자랑스럽게 여기고 바보라는 말을 들을 때보다 훨씬 더 말을 잘 따른다. 게다가 코치가 잘못된 것을 지적해 줄 때 빠르게 저항감 없이 받아들이고 아주 효과적으로 수정한다. 선수는 코치의 말을 매우 주의 깊게 들을 것이고, 훨씬 더 좋은 방법을 찾아내려고 시도할 것이기 때문이다.

칭찬은 당신의 사람들이 최선을 다해 일하게 하는 한 가지 테크닉이 된다. 그러나 이 테크닉을 사용하기 위해서는 두 가지를 명심해야 한다.

첫째, 칭찬은 진실해야 한다. 칭찬에 진실이 담기지 않는다면 당신과 함께 일하는 사람들은 더 이상 당신을 믿으려 하지 않을 것이다.

둘째, 일단 칭찬을 하고 나면 그걸 거둬 들일 수는 없는 법이다. 만일 당신이 칭찬한 것을 후회하는 기색을 보인다면, 당신의 칭찬은 속임수로 인정될 것이고, 그렇게 되면 당신과 당신의 사람들은 가까운 시일 내에 손해를 면치 못할 것이다.

상사로부터 다음과 같은 메모나 전화를 받는다면 당신은 어떻게 느끼겠는가?

"이봐! 당장 자네를 만나야겠어!"

아마 100명 중 95명은 불안을 느낄 것이다. 불안을 느끼면서 이렇게 중얼거릴지도 모르겠다.

"어떻게 내 잘못을 눈치챘지?"

그런 상황이 닥치면 대부분의 사람들은 최악의 사태를 예기하도록 잘 훈련된 것 같다.

그러나 상사가 늘 장점만을 찾는 관리자라고 생각해 보라. 당신의 상사가 칭찬을 잘 하는 그런 사람이라면, 당신은 상사를 만날 시간이 빨리 다가오기를 기다릴 것이다. 상사로부터 부름을 받는다는 것은, 그래서 당신이 그와 만난다는 것은, 완전히 새로운 정신으로 무장할 수 있는 기회를 준다. 그러므로 이렇게 자문할 필요가 있다.
"내가 만나자고 할 때, 나의 직원들, 친구들, 배우자, 아이들 그리고 다른 여러 사람들은 어떻게 느낄까?"

피드백을 위한 실질적인 도구

어떤 사람들은 피드백을 말로 나타내는 것을 어려워하지만 숙련되게 학습하는 기술적인 부분이기 때문에 두려움을 가질 필요가 없다. 그렇지만 그 기술을 배울 때까지는 피드백하기 위한 실질적인 도구가 필요하다.

당신이 훌륭한 언어능력을 가졌든 이제 막 배우기 시작한 과정이든, 당신에게 아주 유용한 것이 있다. 우리 지그 지글러사 세미나에서 우리는 '나는 …때문에 …을(를) 좋아한다'라고 명명한 도구와 개념을 이용한다.

```
나는_____ 를(을) 좋아한다.
왜냐하면_____
_____
_____
_____

       당신은 승리자다!!
```

각 참가자에게 위와 같은 형식으로 세미나하는 동안에 동료들에 대해 좋거나 감사한 것을 쓰도록 하였다. 이 아이디어는 원래 텍사스 주 베이 시의 베이 고등학교에서 우리에게 제공한 것이다. 이 아이디어를 활용한 세미나는 참석자뿐만 아니라, 미국의 수많은 가정과 비즈니스계에서 엄청난 효과를 거두었다.

'나는 …때문에 …을(를) 좋아한다.'

이 방식은 우리에게 장점을 발견하도록 해주고, 우리가 다른 사람의 긍정적인 면을 지적하도록 해준다. 참석자들의 필기 내용은 다른 사람이 웃는 것을 칭찬하는 것과 같은 간단한 것에서부터 복잡한 아이디어에 이르기까지 보다 깊은 감사의 정도를 표현하고 있다.

우리가 댈러스에서 개최한 3일간의 세미나 〈승리자가 되기 위해 태어났다〉 코스에서 처음으로 이 개념을 소개했을 때, 한 참가자는 아주 실망해서 자신의 실망스러운 감정을 온몸으로 표현하고 있었다.

그는 머뭇머뭇하더니 한쪽 구석으로 돌아가 그의 팔과 다리를 꼬고 걸터앉아서는 불평을 늘어놓았다.

"나는 이렇게 바보 같은 짓거리는 하고 싶지가 않아!"

그래서 우리는 그 남자의 필기 내용을 주의 깊게 살펴보기로 했다. 그리고 그 메모지를 참가자에게 나눠 주었다. 첫번째 필기 내용은 단지 몇 마디 말뿐이었다. 둘째날에는 그의 필기 내용이 점점 길어졌고, 마지막 날에는 종이 쪽지의 앞뒤를 꽉꽉 채워 적었다. 세미나가 끝날 때 그는 일어나서 말했다.

"나는 이 '…때문에 …을(를) 좋아한다'라는 것을 처음 소개받았을 때 지금까지 들어 본 것 중에서 가장 바보스런 아이디어라는 생각이 들었습니다. 그러나 당신이 지난 3일 동안 사람들을 얼마나 많이 변화시켰는지, 정말 놀라울 따름입니다!"

분명히 사람들은 변화했다. 〈승리자가 되기 위해 태어났다〉 코스가 정말로 인생을 변화시키는 경험이 되었기 때문이다. 그러나 더 분명한 것은 본인 스스로가 다른 사람들에게서 좋은 점을 발견해 내는 것을 배우려고 했기 때문에 변화한 것이라는 점이다.

또 우리는 이틀 동안 〈효과적인 비즈니스 커뮤니케이션(Effective Business Communication)〉이라 불리는 세미나를 개최했다. 그 세미나에서 우리는 효과적인 커뮤니케이션 기술에 대해서 강의했다. 이틀 동안 강의 참석자들은 그들의 커뮤니케이션 기술이 얼마나 향상되었는가를 측정하려고 수십 번의 비디오 녹화를 했고 개인적인 지도를 받고 피드백했다.

아메리칸 항공사와 듀폰사 그리고 기타 여러 회사와 더불어, 세계적으로 유명한 네이먼마르커스 백화점은 그들 백화점의 주요 부서 '내부'에 직접 우리 회사의 훈련교사를 두었다. 그들도 역시 '나는 좋아한다' 개념을 훈련받았고, 그 개념에 적응했다.

어떤 사람들이 활용하는가?

로리 메이저스는 나의 행정실무 관계를 돕고 있었다. 그녀는 내가 지금까지 만난 사람 중에 가장 유능한 한 사람이었다. 함께 일하는 9년 동안 그녀는 세 가지 실수를 했다고 생각한다. (그러나 세 가지 중 두 가지는 나의 잘못이었다!)

그녀에게 아마 최악의 실수는 나에게 TV인터뷰에 대해서 다시 말하는 것을 잊어버린 사건일 것이다. 그때 그녀의 기분이 얼마나 참담했을 것인가는 모두 상상할 수 있을 것이다. 내가 이번 일은 그렇게 큰 이변은 아니며 적어도 50%는 내 잘못이었다고 말했음에도 불구하고, 그녀는 하루 종일 매우 상심하고 있었다.

다음날 로리가 사무실에 도착했을 때 그녀의 책상 위쪽에 붙어 있는 에어컨에는 35가지 '나는 …때문에 …을(를) 좋아한다' 노트가 매달려 있었다. 사무실의 동료들 중 일부는 그녀가 왜 그 노트를 매달아 놓았는지 눈치챘으며, 특별히 무언가 결심을 세우려 한다는 것도 알았다. 그 노트에 어떤 동료는 다음과 같이 썼다.

"나는 로리가 타자기를 안고 큰 빌딩 위까지 뛰어오르기를 할 수 있기 때문에 좋아한다."

그리고 다른 사람은 이렇게 썼다.

"나는 로리가 아주 빠른 속도로 타이핑하기 때문에 좋아한다."

그리고 이렇게 쓴 사람도 있었다.

"나는 로리가 항상 잘 들으려 하기 때문에 좋아한다."

"나는 지그 지글러사에서 로리가 가장 양심적이기 때문에 좋아한다!"

로리는 동료들의 세심함과 격려에 감격해서 눈물을 흘렸다. 우리는 그녀의 동기부여 방식에 대해 높이 평가해야 한다. 그녀는 곧 정상으로 되돌아왔다. 동료들의 배려와 장점을 찾으려는 노력, 그리고 그 내용을 지적해 주는 마음 등은 로리가 힘든 시간을 극복하는 데 도움이 되었다.

만일 당신이 이런 시도를 하는 게 아직도 어색하다면, 그것은 아마 당신이 잘못된 말에 초점을 맞추고 있기 때문일 것이다. 종이 위에 적힌 말 중 핵심적인 단어가 '좋아한다'라는 말은 아니다. 그 말이 당신에게 거슬린다면 간단하게 그것을 지워 버리고 '감사한다'거나 '존경한다'로 바꿔라. 중요한 말은 '왜냐하면(때문에)'이다! 이 말은 피상적이고 일반적인 것들을 진지하고 구체적인 것들로 바꾼다.

현재 상품시장에 선보이고 있는 효과적인 모든 경영 도서들은 한결같이 직원들을 피드백시킬 것을 권장하고 있다. 성공적으로 피드백한다는 것은 구체적으로 관찰한 행동을 지적하는 것을 의미한다.

'나는 존이 성실한 직원이기 때문에 좋아한다'와 같은 표현이 아니라, '나는 존이 정확한 시간과 예산을 할당해서 계획을 세우기 때문에 좋아한다!' 같은 표현방식이다.

또한 '나는 제인이 열심히 일하기 때문에 좋아한다'가 아니라, '나는 제인이 중요한 프로젝트를 끝내려고 3일이나 계속해서 시간외 근무를 했기 때문에 좋아한다'라고 쓴다.

기억하라, 어떤 것이 바르게 유도하는 것인지 그 내용을 파악하라! 당신이 그렇게 할 때 당신은 잘못된 방향 대신 옳은 방향으로 나아갈 수 있다.

당신이 '나는 …때문에 …을(를) 좋아한다'라는 것을 쓰지 않았거나 받지도 않는다면, 당신은 이 간단한 아이디어의 효과를 전혀 이해할 수가 없다. 지금 당장 이 방법을 시도해 보라.

당신이 감사하고, 좋아하고(사랑하고), 존경한다고 말할 자격이 있는 누군가를 생각해 보자. 이제 이 책을 읽는 것을 잠시 멈추고 즉시 말이나 글로 '나는 …때문에 …을(를) 좋아한다'라고 해 보자. 학생용 코스로는 〈나는 할 수 있다(I CAN)〉 코스가 있다. 메이미 매컬로우(Mamie Mccullough)가 개발한 것으로 《정상에서 만납시다》에서 내가 제시한 원칙에 근거하고 있다.

학생들에게 내는 과제 중 하나는 집으로 돌아가 부모님께 '사랑한다'고 말하는 것이다. 당신은 처음에 조금 충격적이라고 생각할지도 모르겠다. 그러나 당신의 마음은 곧 훈훈해질 것이다. 당신이 부모로서 받은 편지를 읽거나 전화를 받을 때면 눈물을 글썽일 것이다. 당신의 생애에서 처음으로 열두서너 살 아이로부터 사랑한다는 말을 들었기 때문이다.

당신의 인생에서 당신이 감사를 느끼며 살도록 해줄 사람이 분명 누군가 있다. 그리고 당신은 바로 지금부터 이런 시도를 정말로 해볼 필요가 있다! 한번 시도해 보라. 처음에는 꽤 어렵고 이상하기까지 할 것이다. 그러나 간단히 피드백하는 사이에 매우 유쾌하고 놀라운 보상을 받게 될 것이다.

특별한 필수품은 사랑과 존경

사랑과 존경이야말로 현재 우리 사회에서 가장 중요한 두 가지 필수품이다. 그러나 애석하게도 이 두 가지 품성은 또 가장 희귀한 것이기도 하다. 그런 품성이 희귀한 이유는 우리가 그것을 얻는 유일한 방법을 등한시하기 때문이다.

당신이 받고자 하는 만큼 남들을 존경하거나 사랑하지 않는다면, 당신은 반드시 자기 자신을 검토하고, 혹시 이 두 가지 항목을 도외시하지 않았나 반성해야 한다. 무엇보다도 중요하게 기억해야 할 사실이 있다.

당신이 가지고 있지 않은 것을 남에게 줄 수는 없다.

다시 말하면 당신이 다른 사람들에게 베풀어야 하는 사랑과 존경을 당신 자신의 내면에 가지고 있어야 한다는 뜻이다.

"우리의 모든 삶에는 고귀함이 있다."

조지 매튜 애덤스는 말한다.

"그리고 그 고귀한 품성의 대부분은 다른 누군가로부터의 격려를 통해서 온다. 그러나 격려하는 이가 얼마나 위대한 사람인지, 얼마나 유명하며 성공한 사람인지, 그리고 사람들에게 얼마나 크게 갈채받을 수 있을 사람인지는 중요한 것이 아니다."

당신이 어느 누군가를 격려한 후에 당신의 기분이 최고라고 느낄 수 있다면, 다른 어떤 기회보다도 가장 설득력 있게 남을 격려해 주려는 자세를 배우게 될 것이다.

"격려하는 것, 그것은 영혼에 산소를 공급하는 것과 같다. 정말 위대한 일은 항상 격려받고 일하는 사람이 성취해 낸다. 격려받지 않고도 오랫동안 행복을 누리면서 생산적으로 살았던 사람은 아직까지 없었다."

그러면 이제 그 점을 강조하는 모티머 페인버그의 훌륭한 경영술을 들어 보자.

유명한 심리학자이자 철학자인 윌리엄 제임스(William James)는 단도직입적으로 말한다.

"인간에게 있어서 가장 본질적인 욕구는 감사받기를 열망하는 것이다."

훌륭한 관리자는 상대방의 자존심을 지켜 주면서 자신의 개인적인 중요 분야에서 공통의 관심을 불러일으켜 사람들을 보다 가까이 끌어들인다.

바로 그런 식의 접근방법이야말로 경쟁자들을 상대할 때 바람직하다. 그러나 부하직원들을 다룰 때는 필수적이다. 고위층 중역의 변함없는 목표는 사람들의 능력이나 수행 내용을 강화하는 데 있으며, 최종적으로는 조직의 공통목표를 달성하는 데 있는 것이다.

알렌 C. 필레이(Alan C. Filley) 박사의 《상호간의 갈등 해결(Interpersonal Conflict Resolution)》이라는 중요한 저서에 따르면, 우리가 우리 자신을 그린 초상화는 자기 스스로가 어떻게 행동할 것인가 하는 데에 있어서 중요한 결정요인으로 작용한다고 한다. 그는 계속하여 다음과 같이 쓰고 있다.

다양한 연구 결과를 보면, 사람은 다음과 같은 경우에 자존심을 낮춘다고 한다.
(1) 어떤 상황에서 위협감을 느낄 때.
(2) 압력이 강할 때 보다 취약하고 의존적이 된다.
(3) 조직적인 힘이 요구될 때.
(4) 저항을 금지당할 때.
(5) 쉽게 설득을 당할 때.
(6) 오만한 자존심을 가진 개인보다는 전체적 압력에 굴복당한다.

그러나 간과할 수 없는 것은 각 멤버가 서로를 존중하도록 격려하는 것이 중요하다는 사실이다. 어떤 개인의 성공을 인정하는 것은 상사와 부하 사이의 관계를 친밀하게 할 뿐만 아니라 부하 직원들과 그들의 동료 사이도 강화시킨다.

그러므로 어떤 개인에게 하는 칭찬의 말은 전체 조직의 다른 동료들을 비판하는 말로 언급해서는 안 된다. 또한 어떤 일을 성공한 이면에 다른 사람의 도움이 있었다면, 반드시 그들의 공헌도 인정되어야 한다. 이와 같은 방식이 아닌 접근은 협조를 얻어 내기는커녕 조직 내의 긴장만을 확대시킬 것이다.

기본적으로 중요한 원칙 중 또 하나는 부하직원들 사이에 신용을 지키고 공유하는 것이다. 자기현시(自己顯示)를 중시하면서, 케시 스텐젤(Casey Stengel)은 다음과 같이 말했다.
 "능력이란 다른 누군가가 친 홈런임에도 불구하고, 자신이 신용을 얻어내는 기술이다."
 그러나 홈런으로부터 자신의 팀을 지킬 수 있는 가장 좋은 방법은 그 홈런을 친 선수에게 경의를 표하도록 관리하는 것이 아니라, 당신 자신에게 한결같은 신뢰를 가지고 믿도록 하는 데 있는 것이다.

타인을 비평할 시간은 없지 않은가?

 그렇다. 물론 모든 피드백을 긍정적으로만 할 수는 없다. 일부는 내가 지나치게 '좋은 점을 발견한다'는 개념을 강조한다고 생각하고 있을 것이다. 어떻게 보면 사실 이런 지적이 부분적으로 옳을지도 모르겠다.
 그렇지만 각각의 평가를 정말로 진지하게 한다면, 다른 사람의 장점에 대해 너무 많이 말했다고도 할 수 없고, 너무나 많이 장점을 발견했다고 말할 수도 없을 것이다. 지금껏 좋은 점을 발견하는 것에 대해 많은 시간을 할애해 이야기한 이유는 우리(일반적으로 사회)가 칭찬하는 것을 너무 등한시했기 때문이다.
 그러면 이제 사람들이 각자 행한 일에 대해 만족스러워하지 않을 때, 이를 어떻게 지적해 줄 것인가?
 잔 폴 리히터(Jean Paul Richter)가 다음과 같이 말한 의미를 이해함으로써 시작해 보자.
 "인간은 보통 생각보다 훨씬 더 자주 반박하고 충고한다. 그러나 아무리 합리적인 반박과 충고라 해도 맹렬하게 퍼부을 때는 잘 받아들여지지 않는다. 마음은 꽃과 같다. 꽃은 부드럽게 내리는 이

슬에는 활짝 열리지만, 맹렬하게 쏟아지는 소나기에는 몸을 한껏 움츠린다."

우리 회사 연수부의 훌륭한 강사이자 판매부장인 브리언 플래너건(Bryan Flanagan)은 사내에서 '나는 …를 …때문에 좋아한다'를 열심히 활용하는 사람 가운데 한 사람인데, 그는 우리 중역들 모두가 인정하는 능력있는 사람이다. 사람들 모두가 다 브리언이 피드백해 주었으면 하고 바란다. 브리언의 평은 매우 친절하고 구체적이기 때문이다.

그는 조심스럽게 그가 할 수 있는 모든 칭찬을 아끼지 않는다. 그는 여러 번 '나는 좋아한다'라고 반복하면서 언어적 피드백을 하고, 그가 칭찬하고 있는 사람들의 상사 앞에서도 항상 진지하게 그렇게 한다.

또한 브리언은 자신이 책임지고 있는 부하직원에게 교훈적인 피드백을 해야 할 때이면, 항상 적절한 도구를 활용하고 기술을 이용한다.

한번은 브리언의 오랜 친구이자 직속상관인 짐 새비지가 브리언의 부서 직원 하나를 '좀 호의적이지 않은 시각'으로 평가를 했다. 당연한 일이지만, 짐은 일어났던 일에 대해서만 관심이 있어 보였다. 브리언은 짐에게 이렇게 말했다.

짐, 당신도 그렇겠지만 저 젊은 여직원은 우리 부서의 훌륭한 일꾼 중의 한 사람이라네. 매일매일 정확하게 일하고, 필요할 때는 늦게까지 남아서 자발적으로 일하지. 그녀는 우리 회사에 이윤이 남을 일이라면 아주 기쁘게 일하는 사람이야. 지난 달, 나는 그녀가 맡고 있던 분야 이외의 프로젝트를 맡아 달라고 부탁한 적이 있어. 그녀는 그 일을 떠맡아 아주 잘 해주었다네. 그렇지만 그 일이 조금은 그녀를 의기소침하게 만들었던 모양이야. 그 프로젝트는 평상시 그녀 업무와는 거리가 있는 것이었고, 그런 업무를 떠맡았기 때문인지 본래 업무보다는 능률이 좀 떨어지는 것 같았어. 간단히 말해서 그녀가 맡았던 일은 보통 수준 이상의 것이었지, 그녀만의 생산성 저하라고 볼 수 없다는 거야.

나는 그녀에게 왜 그렇게 의기소침하냐고 물은 적이 있지. 우리는 대화를 통해 그녀의 고충을 알았고, 생산성을 감소시키는 구체적인 요인들을 알아낼 수 있었다네. 이런 대화 덕분에 우리는 다시 행동계획을 세우고, 생산성을 증진시켜 보겠다고 긍정적으로 동의까지 했다네. 나는 그녀가 가치있는 직원일 뿐만 아니라 소중한 사람이라는 것을 되새겨 주었지. 우리는 또 우리 계획을 수정하고 검토하느라 여러 번 다시 만날 약속을 정하기도 했다네. 점점 그녀는 공통의 관심거리를 진행시키면서 안정을 찾았고 모임에 충실하려고 다소 긴장하기도 했지. 그녀는 안내가 필요했던 것인데, 내가 도움을 주자, 관심을 가져 준다는 것에 아주 기뻐했다네.

브리언 플래너건의 조치는 아주 훌륭한 모델이라고 할 수 있다. 이미 당신도 지금까지의 내용을 통해 핵심을 간파하고 있겠지만, 함께 되돌아가서 주의 깊게 분석해 보자.

1. 피드백은 개개인에게 하는 것이다.

　대중 앞에서 사람을 비난하는 것보다 사람을 더 비참하게 만드는 것은 없다. 일부 관리자들은 직원에게 불만스러운 부분을 암시하는 방법의 하나로, 많은 사람 앞에서 혼을 내거나 괴롭힌다. 그런 행위는 사람들 사이의 신뢰의 씨앗을 파괴해 버리는 것이다. 모든 비판적, 교육적 피드백은 개인적으로 해야 한다.
2. 피드백은 구체적으로, 그리고 충분히 관찰할 만한 행동에 대한 것으로 한다.

개인은 결코 공격의 대상이 되어서는 안 된다. 만약 비판받을 일이 있다면, 그것은 개인적인 수행자가 아니라, 수행한 작업의 내용이어야 한다.
3. 피드백은 즉시 행해야 한다.

문제를 인식하자마자, 브리언은 그 상황에 대처했다.
4. 브리언은 질문을 했고, 대답을 들었다.

판단만 한 것이 아니라, 우선 질문을 했고 답변도 들었다. 그는 고용인의 시각에서 찾는 것만큼 많은 원인들을 알지는 못했었다. 다음과 같은 질문으로 효과적인 피드백 학습을 마무리해 보자. "당신은 내가 이 모임을 어떻게 느꼈을 것이라고 생각하는가?" 대답을 한 후면, "당신은 이 모임에 대해서 어떻게 느꼈는가?"라고 질문해 보라. 그 답변들은 종종 당신을 놀라게 할 것이다. 또한 당신의 모임에서 생겼던 일들에 대해 상당한 통찰력을 보여 줄 것이다.
5. 협조적인 행동계획을 개발한다.

브리언은 상황에 꼭 맞는 행동만을 요구하지는 않았다. 오히려 두 사람이 서로 할 수 있는 계획에 대해 토의했다. 직원들은 아이디어를 내놓았고, 계획에 대해 '주인의식을 공유'할 수 있었다.
6. 브리언은 기대한 대로 확실한 결과를 얻기 위해 다음 학습의 날짜도 정했다.

너무나 한꺼번에 좋은 계획만 세우고 마는 것은 '급한 폭군'의 희생양이 되고 마는 꼴이다. 좋은 의도에도 불구하고 직원들은 '그런 계획들'을 어느 틈엔가 잊어버리고 만다. 구체적인 약속 날짜를 정하면 계획을 실행하게 하는 강제가 가능하다. 또 계획을 무시해서 생기는 감정의 충돌도 없고, 실패를 미연에 방지하는 데 도움을 준다.
7. 칭찬은 교육시간 동안 줄곧 사용되었다.

    칭찬할 때 사이사이에 '샌드위치식' 비판을 하는 것을 우리는 많이 이야기해 왔다. 어떤 관리자들은 학습을 시작하거나 끝맺을 때 칭찬으로만 진행해야 한다고 생각한다. 물론 언제쯤 칭찬할 것인지 결정하는 것이야 당신 자신의 권리이다. 그렇지만 성공적이라고 평가하려면 다음과 같은 질문에 긍정적으로 대답할 수 있어야 한다. "그에 대한 현재 나의 감정은 긍정적인가?" 자기 자신의 개인적인 가치를 의심하는 관리자들과 만나는 사람은 아무도 없다!

    좋은 점을 발견하는 사람이 되기 위해서 우리는 종종 어떤 일을 잘 해내야 하는 책임을 맡은 사람을 지도한다. 이것을 교육적 피드백 학습이라고 한다.

    훌륭한 관리자라면 다른 사람들에게 보다 성공할 수 있는 방법에 대해 교훈을 준다. 항상 직원들의 능력범주 내에서 교육을 진행한다. 훌륭한 관리자는 실수를 간과하지 않는다. 실수를 허용하는 것은 의무에 대한 무시이다.

    조지아 주립대학 경영행정대학의 학장인 미카엘 메스컨은 말한다.

    "상점 점원이 불친절할 때, 점원을 비난하지는 말라. 관리자를 비난하라! 관리자는 항상 부하직원들에 대해 책임을 지고 있으며, 그들의 행동을 설명할 수 있어야 한다."

당신이 장점을 발견하고자 한다면, 그 내용을 말이나 글로써 지적해 보라. 그리고 계획한 방법대로 교육적인 피드백을 수행하고, 답변하는 사람의 책임을 인정하라. 그러면 당신은 훌륭한 관리자의 길목에 들어서게 된다!

미국의 경제계를 대표하는 주자이자 박애주의자인 마셜 필드 (Marshall Field)는 말한다.

"무엇인가를 얻기 위해 들어온 사람은 나를 보조하고 돕는다. 불평 많은 사람들은 내가 어떻게 사람들을 즐겁게 할 수 있는지, 그래서 어떻게 보다 많은 사람들이 오도록 하는지 오히려 가르쳐 준다. 내게 상처를 주는 사람들이란 불만이 있으면서도 불평을 하지 않는 사람이다. 그들은 내가 잘못을 수정해서 서비스를 증진시키는 것을 거부하는 셈이다."

관리자로서 우리는 직원들의 개인적인 발전을 돕고, 실제 작업 능력을 증진시키기 위한 방법의 하나로 마셜 필드의 말에 동의할 필요가 있다.

기억하라. 우리가 사람들에게 아양떨 듯 칭찬만 한다면, 그들을 즐겁게 해줄 수는 있다. 사람들을 즐겁게 하는 것이 우리가 할 일이라면, 우리는 회사에 이바지하지도 못할 뿐 아니라 사람들의 발전과 기회를 방해하는 역할만 하는 것이다.

긍정적 사고를 위한 조언 한 가지

좀더 분발하도록 격려하는 이면에는 칭찬과 인정이라는 상관관계가 있다. '나는 …때문에 …을(를) 좋아한다'가 그토록 효과적인 이유가 바로 여기에 있다. 〈장점 발견자가 돼라〉는 이번 장에 좀더 접근하기 전에 먼저 다음과 같은 이야기부터 시작해 보자.

 어떤 회사에서 최근 우리가 개최한 〈승리자가 되기 위해 태어났다〉 세미나에 네 커플을 보냈다. 첫날이 끝나갈 무렵 그들은 매우 확신감을 가지게 되었고, '나는 …때문에 …을(를) 좋아한다'는 아이디어에 대해서 상당한 호감을 보였다.

 그날 저녁, 그들은 댈러스에서 가장 큰 레스토랑에 갔다. 그 레스토랑에서 그들은 커다란 실습 성공을 거두었다. 레스토랑의 음식은 특별하고 서비스는 훌륭했다. 웨이터는 25년 이상의 경험이 있는 프로였고, 20년 이상을 같은 레스토랑에서 근무했다. 자신이 필요한 곳에는 반드시 있었지만, 파티에 직접 참여하지는 않았다. 그는 능률적으로 봉사를 했지만, 세심하게 신경을 써서 사람들을 숨막히게 하지는 않았다. 그는 메뉴에 대해서도 잘 알고 있었고, 네 커플의 질문에도 훌륭히 대답했다. 또 그날의 특별요리에 대한 정확한 정보도 주었다. 그는 필요할 때는 귀신같이 나타났고, 파티에 방해가 되지 않도록 얼른 빠져 나갔다. 간단히 반복해 말하건대 그는 정말 프로였다.

 네 커플은 모두 친해졌고, 곧 웨이터와도 가까운 사이가 되었다. 식사는 아주 일품이었고, 웨이터의 우아하고 효율적인 서비스 덕분에 분위기는 화기애애했다.

 값비싼 레스토랑에서는 저녁식사 후에 25% 정도의 팁을 주는 것이 상례이다. 이에 더해서 네 쌍의 손님들은 왜 그들이 웨이터를 좋아하는지, 그 이유를 세세하게 적어서 '나는 …때문에 …를 좋아한다'는 종이 쪽지를 남겼다.

 네 커플이 식사를 마치고 출입문을 나와 정문에서 꽤 멀어졌을 때, 잠깐 기다려 달라고 부르는 웨이터의 소리가 들렸다.

웨이터는 그들에게 잽싸게 걸어왔는데, 그의 손에는 여덟 장의 종이 쪽지가 들려 있었다. 그는 말을 건네려 했지만 감정이 북받쳐 말을 잇지 못했고, 그야말로 어떤 말도 할 수 없었다. 마침내 그는 침착함을 되찾자 네 커플에게 말했다.

"웨이터 생활 25년에 이같은 일은 지금껏 경험한 일 중에서 가장 의미있는 일입니다."

상상해 보라! 그 웨이터는 내 친구에게 생생한 증표가 되었고, 동료강사인 카벳 로버트가 한 말의 증거가 되었다.

"이 지구상에 있는 30억의 사람들은 매일 밤 배고픔으로 잠자리에 들지만, 40억의 사람들은 격려와 인정이 담긴 간단한 몇 마디 말의 결핍 속에 잠든다."

당신은 이와 같은 이야기를 통해 이미 능력있는 웨이터였던 그 사람이 훨씬 더 노력해서 훌륭한 인물이 될 것이라고 생각하지 않는가? 그가 그 경험을 통해 무엇인가를 얻었을 것이라고 생각하지 않는가? 그는 서빙하고 있는 테이블 옆 좌석의 사람에게까지 호감을 보일 것이라고 생각하지 않는가?

그러나 무엇보다 중요한 것은 당신이 최고의 승리자라고 생각하는 사람은 누구인가 하는 것이다. '나는 …때문에 …를 좋아한다' 라는 종이 쪽지를 받은 웨이터인가, 아니면 그런 메모를 해서 준 8명의 커플들인가? 대답하는 데는 그다지 많은 시간이 걸리지 않을 것이다.

그렇지 않은가? 그 쪽지를 썼던 8명이 최고의 승리자라는 사실에 당신도 동의할 것이라고 나는 확신한다.

우리의 아이디어가 정말 괜찮은 이유가 바로 여기에 있다. 나는 기교가 아니라 원칙에 대해서 이야기하고 있다는 것을 강조하고 싶다. 성서도 말하고 있다.

"주어라. 그러면 받을 것이다."

그러나 우리가 사람들이 우리를 위해 무엇인가 해주기를 기대하는 마음으로 무엇인가를 해주거나 행동한다면, 우리의 행동은 기교일 뿐이고, 분명히 비효율적인 것이다.

그러나 당신이 삶 속에서 추구하는 모든 일을 다 해낼 수 있다고 생각하거나, 다른 사람들이 원하는 것을 얻을 수 있도록 도와주려 한다면, 사람들에게 정직하고 진지하게 칭찬을 함으로써 보다 효율적이고 생산적이 되도록 할 수 있다.

결국 칭찬하는 것은 사람들 각 개인에게도 유익할 뿐만 아니라, 당신과 당신 조직에도 또한 놀라우리만큼 이익을 줄 것이다.

> 만약 칭찬이 원칙적인 것이라면 승리자가 될 것이고, 그것이 기교라면 패배자가 될 것이다.

하버드의 윌리엄 제임스가 말한 인간의 본성 중 가장 중요한 본성의 하나가 '감사받기를 열망하는 것'이라는 사실을 잊지 말라. 관리자인 당신이 그러한 본성적 욕구를 채워 줄 때, 당신은 보다 효과적인 관리자로서 한 걸음 더 전진할 수 있을 것이다.

□ 인간 경영의 원칙

1. 타인의 좋은 점을 찾아라
2. 남들이 올바른 길을 가도록 지원하라.
3. 행동은 종종 느낌을 앞선다는 사실을 명심하라.
4. 진실이 담긴 칭찬을 할 수 있는 기회를 만들어라.
5. 칭찬은 많은 사람 앞에서 하고, 비판은 개인적으로 하라.

제 4 장 최선을 기대하라

> 만약 어떤 사람이 최선을 다해 주기를 바란다면, 당신은 그에게 있는 최선의 것이 무엇인지를 찾아야 한다.
> —버나드 할데인

성공의 공식 'GEL' 중 두번째 E는 '최선을 기대하라(Expect the Best)'는 것이다.

어느 날 세미나를 개최하고 있을 때였다. 어떤 사람이 휴식시간에 나를 찾아와서 이렇게 말했다.

"당신이 말씀해 주신 정보는 정말 놀라운 것입니다. 내 사무실에 있는 몇몇 멍청이들도 이 세미나에 왔었다면 얼마나 좋았을까요!"

당신에게 묻고 싶다. 그 사람은 뭔가 중요한 사실을 놓치고 있는 것이 아니냐고.

당신만은 이것을 항상 잊지 말기를 바란다. 당신의 직장 동료들은 어떤 사람인가? 당신의 종업원들은 어떤 사람인가? 당신의 아이들은 어떤 사람인가? 당신의 배우자는 어떤 사람인가?

우리는 항상 남들에게 기대하는 바를 얻고 있다! 본 대로, 대접한 대로, 우리가 영향력을 끼친 대로 그들은 실적을 올린다!

여러 해 전, 롬 마킨(Rom J. Markin)과 찰스 릴리스(Charles M. Lillis)는 《비지니스 호라이즌스》지에 〈세일즈 관리자들은 항상 기대한 바를 얻는다〉라는 제목의 기사를 실었다. 기사 내용은 피그말리온 효과(Pygmalion Effect : 때때로 '반향효과'나 '거울효과'라고도 한다)를 요약한 것이었다. 이 기사의 요점 몇 가지를 밝히면 다음과 같다.

기대는 행위에 강한 영향력을 끼친다. 그러므로 만약 관리자가 자기의 직원에게 더 좋은 실적을 기대한다면, 그는 원하는 바대로 더 좋은 실적을 올릴 수 있다. 이런 현상을 '피그말리온 효과'라고 한다. 그리스 신화에 의하면, 피그말리온은 조각가이면서 키프러스의 왕이었다. 그는 자신이 만든 작품과 사랑에 빠지게 되었다. 상아 흉상은 그가 꿈 속에서 그리고 그리던 그 모습이었다. 피그말리온은 계속해서 신들에게 기도하고 또 기도했다. 그 기도를 들은 비너스는 그가 만든 흉상에 생명을 불어넣어 주었다……. 우리가 바라보는 수많은 대상, 상황에 사람들이 반응을 보이게 된 것은 그때부터였다고 한다. 사물은 우리의 이미지 창조에 달려 있다. 다시 말해서, 우리가 우리의 이미지를 믿을 때, 그 이미지는 반드시 실현되고 만다.

증 거

우리 주위의 분위기와 느낌이 변화되기를 원한다면, 우리는 우리가 원하는 느낌과 분위기를 염원해야 한다. 코미디언들이나 연기자들이 원하는 분위기를 창출하듯이. 어느 드라마 연출가는 다음과 같이 말했다.

"일단 웃기 시작하면 계속해서 웃게 되는 경향이 있다." 행동과 감정은 서로를 자극하기 때문이다. 우리가 날마다 대하는 동료들이나 군중들은 우리의 분위기, 느낌, 자세에 깊은 영향을 받는다. 그러므로 세일즈 관리자는 세일즈맨들에게 가장 중요한 동기부여자라고 할 수 있다. 다시 말해서, 관리자들의 기대가 세일즈맨의 실적에 지대한 영향력을 행사하는 것이다.

과학과 전설

피그말리온 효과는 과학적인 분석을 거친 결과, 실효성과 진실성이 밝혀졌다. 과학적인 연구에 의해 밝혀진 사실은 다음과 같다.

- 아이들의 지능은 그들에 대한 기대만으로도 향상시킬 수 있다. 특히 간단한 몇 마디 말이나, 테스트를 통해서 아이들에게 잘 해낼 수 있다는 기대를 보여 주면 된다.
- 기대만으로도 실적은 향상된다.
- 감독이 일꾼들에게 그 일을 잘 해낼 수 있는 특별한 잠재력이 있다고 말했을 때, 일꾼들의 실적은 크게 향상되었다.

그것은 어떻게 작동되는가?

자기 자신의 실적도 올리면서 다른 사람의 실적도 개선하고 싶다면 어떻게 해야 할까? 궁금해하는 관리자들이 많을 것이다.

미국 심리학의 아버지라 불리우는 윌리엄 제임스는 다음과 같이 말했다.

"우리는 우리가 행동하는 바대로의 인간이 된다. 따라서 우리가 나쁜 버릇을 고치기를 바란다면, 우리가 원하는 사람답게 행동해야 한다."

잘 알려진 심리학자 앨프레드 애들러(Alfred Adler)는 이렇게 말했다.

"억지로라도 미소를 지어 보이면, 실제로 웃고 싶은 충동을 느끼게 된다."

간단히 말해서 우리의 경향은 우리의 태도와 깊은 상관이 있다. 더 중요한 사실이 있다. 우리 주위에 있는 사람들은 우리가 느끼는 바대로 느끼는 경향이 있다는 것이다. 분위기는 전염된다.

심리학자 스키너(B. F. Skinner)는 말했다.

"우리의 행위는 환경과 깊은 상관이 있다."

예를 들어 보자. 세일즈 관리자가 세일즈맨들에게 그들을 매우 유능하고 성실하며 성숙한 사람으로 평가하면서, 그들이 하는 일들이 중요한 의미가 있고 가치있는 일이라는 암시를 보낸다면, 세일즈맨들은 더 많은 실적을 올리게 된다. 그러면 세일즈맨들은 자신의 일이 보상받을 만하고 만족스러우며, 자아를 실현시키는 일이라고 생각할 것이다.

자기 이미지를 변화시켜라! 그것은 곧 행위를 변화시키는 것이다. 그것만이 아니다. 자기 이미지는 개인의 성취까지도 좌우한다. 자기 이미지를 확대시켜라! 그것은 곧 활동범위를 확대시키는 것이다. 기대가 갖는 힘을 통해서 세일즈 관리자는 사람들 속에 알맞은, 현실적인 자기 이미지를 개선시킬 수가 있다. 그것이야말로 실패를 딛고 성공을 쟁취하게 만드는 원동력이다.

그렇게도 많은 효과가 있다니!

나는 지금까지 자기 이미지가 갖는 예언적인 역할에 대해서 세

부적으로 말해 왔다. 피그말리온 효과는 그 실효성이 이미 과학적으로 입증된 것이다. 그렇다면 왜 우리는 그것을 응용하지 않고 있는가? 그것이 가져올 이익이 그렇게 명백한데도 말이다.

성공적인 실적자들은 원칙을 배우고 그것을 응용한다.

만일 피그말리온 효과가 당신에게도 작동하기 시작한다면, 당신은 다른 사람들을 다음과 같이 돕게 될 것이다.

1. 계속적으로 적극적인 분위기가 유지되도록 유도하고 성취를 격려할 수 있다.
2. 최고의 실적을 세우기 원하는 사람들에게 규칙적으로 배우고 성장할 수 있는 기회를 허용할 수 있다.
3. 자기들의 노력이 의미가 있으며, 생산적인 것이 되도록 해야 한다는 사실을 이해할 수 있도록 활동과 정보를 제공할 수 있다.
4. 바람직한, 그리고 보상을 받을 만한 결과를 가져오도록 지원할 수 있다. (행위 중 75~85%는 결과가 좌우한다는 사실을 명심하라.)

1. 적극적인 분위기

적극적인 분위기를 조성하기 위해서는 이미 우리가 시간과 노력을 바쳐 연구한 한 가지 사실만은 명심해야 한다는 것이 나의 신념이다. 좋은 점을 발견하는 사람이 돼라!

2. 계속해서 배우고 성장할 수 있는 기회

훈련의 중요성은 아무리 강조해도 지나치지 않는다. 《초우량기업의 조건(In Search of Excellence)》의 저자 톰 피터스(Tom Peters)는, 디즈니랜드사에서 5주 동안만 근무하기로 한, 계약직 10대 종업원들을 4일 동안 훈련시킨다고 한다. 주차장에서 근무할 그 10대들이야말로 찾아오는 손님들을 첫번째로 맞이하는 종업원이기 때문이다. 그들은 손님을 환대하는 것을 그만큼 중요하게 생각했던 것이다.

IBM사는 관리직 사원들을 해마다 40시간씩 훈련시킨다. 1년의 근무기간 중 1주일을 완전히 훈련으로 보내는 것이다.

텍사스 주의 댈러스에 있는 아서 앤더슨사는 그들의 총이윤 중 10%를 재훈련에 투자하고 있다.

경제사정이 어려워지면 가장 먼저 취소되는 것이 훈련계획인 경우가 많다. 그러나 이것은 크나큰 잘못이 아닐 수 없다. 경제사정이 어려울 때일수록 훈련비용은 증가되어야 한다.

톰 피터스는 이렇게 말했다.

"우수한 회사들은 호경기 때만 훈련하는 것이 아니라, 항상 훈련을 필수적인 것이라고 생각하고 있다."

엄청난 훈련비용을 어떻게 충당할 것이냐고 묻자 그는 이렇게 대답했다.

"우수한 회사를 경영하는 경영자들은 그런 우매한 질문을 하지 않습니다!"

3. 노력은 가치있고 생산적이며, 감사받을 만한 것임을 증명하는 활동과 정보

나는 보통 '결코 …하지 않는다'나 '항상'과 같은 절대적인 말을 멀리하려고 해왔다. 그러나 지금은 예외이다. 회사, 가정, 교회 또는 기타 여러 조직들은 사람들을 인정하는 일에 인색하지 말아야 한다. 앞으로 우리는 〈제2부 최고 실적의 과학〉에서 인정 프로그램의 개발에 대해서 살펴볼 것이다. 어쨌든, 당신이 다른 사람을 인정하는 문제의 중요성을 절대로 경시하지 말기를 바란다.

자기와 연관 있는 사람이 최고의 실적자가 되기를 바란다면, 관리자는 그들의 노력이 의미있고 생산적인 것임을 증명하는 활동과 정보를 그들에게 제공해야 한다. 다시 말해서, 관리자는 그들이 실적을 올리고 나면, 어떤 보상이 따르는지에 대한 전망을 보여 주어야 한다.

이 말은 현대사회에서 직면하고 있는 가장 큰 문제 중의 하나가 '비현실적인 기대'이기 때문에 중요한 것이다. 비즈니스에서 우리는 너무나 비현실적인 목표를 세우거나, 조직 내에서 너무 빠른 발전을 바란다. 인간관계에서도 우리는 다른 사람들이 우리를 위해서 무엇인가 하기를 기대하거나, 어떤 방법으로 행동하기를 기대한다. 그러면서 원하는 바대로 행동하지 않을 때 우리는 매우 실망스러워 한다.

그렇다면 이제 당신은 다음과 같이 반박할지도 모른다.

"잠깐만 지글러 씨, 조금 전까지만 해도 당신은 우리가 최고를 기대한다면 최고에 도달할 수 있다고 말했잖소. 그런데 지금은 '비현실적인 기대'가 문제라고 말하고 있다니!"

사실, 이 분명한 모순이 문제거리가 되는 가장 큰 원인이다. '우리의 노력이 의미있고 생산적인 것임을 증명할 활동과 정보'라는 주제 아래, 우리는 이 딜레마를 해결할 수 있다.

경영에 관한 대부분의 책들은 더글러스 맥그리거(Douglas McGregor)의 X이론과 Y이론을 다루고 있다. 여기에서도 그 내용을 살펴볼 필요가 있다. 더글러스 맥그리거의 책 《기업의 인간적인 측면(The Human Side of Enterprise)》에는 일에 임하는 자세에 대해서 다음과 같은 두 가지 관점을 들고 있다.

X이론의 가정
* 일은 정말 귀찮은 것이다.
* 사람들은 감독이 옆에 붙어 있어야 일을 한다.
* 사람들은 대부분 게으르다. 그러므로 관리자는 그들에게 할 일이 무엇인지를 똑바로 가르쳐 주어야 한다.
* 사람들은 주로 돈 때문에 일을 한다.
* 종업원들은 일반적으로 비창조적이다.
* 종업원들은 강요하거나 매수해야 한다.

Y이론의 가정
* 일이란 놀이처럼 자연스러운 것이다.
* 사람들은 일하기를 좋아한다.
* 누구나 다 자기절제의 경향이 있다.
* 모든 계층의 종업원들은 창조적이다.
* 성숙하게 호의적으로 대접하면 종업원들은 호응한다.
* 인정을 받는다는 기분과 자기실현은 동기부여나 수익과 마찬가지로 중요하다.

피그말리온 효과에 따르면, 우리가 Y이론이 사실일 것이라고 기대한다면 종종 그렇게 된다. 또한 피그말리온 효과는 우리가 X이론이 옳다고 여기면 그렇게 된다고 설명한다. 딜레마는 작업자의 기대수준에 대한 관점에서부터 나온다! 과거에는 대다수 노동자가 일련의 결과 아래서 조정되어졌고, 분위기상 보다 밀접하게 X이론으로 무장되어 있었다. 그렇다면 이러한 과거의 조건들을 어떻게 효과적으로 극복할 수 있는가? 우리는 노동자들의 노력 (또는 배우자, 아이들의 노력)을 증명할 수 있는 활동과 정보를 제공함으로써 극복할 수가 있다.

불행하게도 사람들은 자신의 일이 언제쯤 성공할 것인지 거의 알지 못한다. 사람들은 자신의 행동을 어떻게 해야 하는지에 대해, 분담해야 할 분량이나 일부 기준을 알고 있다. 그러나 그들이 언제 성공할 것인지를 어떻게 알 것인가?

관리자들은 어떤가? 만일 관리자들이 직원들에게 규칙적인 피드백을 주려고 한다면, 직원들이 일하고 있는 방법에 대해서 칭찬해 주고, 그들을 위한 '큰 밑그림'을 그려 주고, 어떤 정보를 줄 것인가를 즉각 결정해야 할 것이다.

능률을 위한 패키지 3단계

나는 조금 전의 질문에 대한 답변을 '3단계 능률 패키지'를 통해 제시해 보겠다.

먼저 제1단계는 기본적인 수행이다. 이것은 조직 속에서 일을 계속해 나가기 위해 성취해야만 하는, 아주 기본적인 수준의 수행을 말한다(또는 아이들의 경우에는 벌을 면할 만큼의 정도). 나는 이 단계를 '최소한의 수준'보다는 '기본적인 수행'이라고 부른다. 나는 최소한으로 생각하는 사람을 원치 않기 때문이다. 게다가 최소를 바라고 일하는 것은 더더욱 원치 않기 때문이다.

기본적인 수행을 거쳐 사람들은 그들의 위치를 유지시킬 뿐만 아니라, 그들이 앞으로 성공할 수 있는 기초를 닦는다. 우리는 〈제

2부 최고 실적의 과학〉을 통해서 능률을 위한 패키지를 제시하고 각 단계마다 구체적인 '실질적 방법'에 대해 토의하고자 한다.

그러나 이에 앞서 기본적인 수행은 관리자와 고용인 상호간의 합의에 의해서 결정되는 것이라는 점을 알아 둘 필요가 있다. 토의를 거치면 직원들은 주인의식을 공유하고 '부당하게 취급당하고 있다'는 느낌을 갖지 않는다. 또 관리자들은 토의과정을 거치면서 직원들에게 '큰 이상'을 보다 잘 이해시킬 수가 있다.

당신은 이 테크닉을 사용해 본 적이 전혀 없다가, 만일 한번쯤 그 기술이 직원들에게 얼마나 큰 격려를 주는지 경험한다면 깜짝 놀랄 것이다. 게다가 관리자들은 그 기초적인 수행과정을 통해 현실적이면서 보수적으로 유도할 수 있다.

능률을 위한 패키지의 제2단계는 성공적인 수행이다. 성공적인 수행이란 현실적으로 적절하게 관리자와 직원이 책정한 수행 정도를 말한다.

다시 말해서 관리자와 직원들은 함께 일하며, 함께 경위를 조사하고 데이터를 모두 다 이용함으로써 이러한 수행의 정도를 결정하는 것이다.

함께 일하고 함께 토의하면서 관리자와 직원은 성공적인 수행을 위해서 각자가 추구하는 바를 이해하는 것이다. 〈제2부 최고 실적의 과학〉에서 구체적인 실제 방법들을 제시하겠다. 능률을 위한 패키지 제3단계는 가치있는 수행이다. 가치있는 수행이란 계획보다 모든 면에서 우수하게 성취한 수행 정도를 말한다.

이 제3단계 수준이야말로 핵심적인 것으로 최고 실적을 낳게 한다. 이 제3단계 가치있는 수행이야말로 의견을 공유하고 토의하면서 결정되어진다. 관리자들은 가치있는 수행이란 목표야말로 개인이 정말로 발전하는 원인이 된다는 것을 점차 확신할 수 있을 것이다.

기본적인 수행 절차와 성공적인 수행 절차를 다 성취한 후면 관리자는 직원들을 가치있는 수행 쪽으로 유도할 수 있을 것이다.

위의 세 가지 수행 절차의 장점은 무수히 많다.

1. 관리자는 업무수행에 대한 구체적인 토의를 하는 데 시간을 보낸다.
2. 관리자와 사원들은 서로를 알게 되고, 토의를 함으로써 기대 정도를 확실히 할 수 있다.
3. 관리자는 사원들이 성취하기를 바라는 수행 정도를 명시할 수 있다. 우리는 종종 사원들을 분류해 보는 잘못을 저질러 왔다. 그러나 이러한 수행 절차는 사원들 스스로가 자신을 평가해 분류하도록 해주며, 관리자는 사람들의 편의와 욕망의 정도에 따라 다양한 수준의 작업을 수행하도록 도움을 줄 수 있다.
4. 성취 한도는 변경된다. 자기 이미지가 발전해 감에 따라 고용인들 또한 성장해 나갈 여지가 있다.
5. 기초적인 수준의 작업내용은 달성되어졌기 때문에, 사원이나 회사 양자가 위험에 처해질 일은 없다.
6. 이러한 시스템을 적절하게 이용함으로써, 관리자는 사원들을 해고시키는 일이 거의 없다. 몇몇 사람들은 스스로 그만두기로 결정하기도 한다. 그러나 관리자들은 그들을 어색하고 고통스럽게 하지 않는다.

당신의 시각을 6번 항목으로 돌려 생각을 다시 한 번 해보는 것은 좋은 기회가 될 것이다. 모든 관리자들이 경험하는 가장 어려운 일 중의 하나가 고용인들을 그만두게 하는 것이다. 그러나 과거에 6번 항목식의 사고를 했더라면 거의 그런 어려움은 겪지 않았을 것이다. 가치있는 수행 패키지를 내가 말하는 바 '정당한 절차'와 결합한다면 해고는 대개 과거의 어떤 일 때문이 될 것이다. '정당한 절차'로 우리는 다음 사항을 지적하고 있다.(필그말리온 효과 제4항)

4. 바람직하고 보상을 받을 만한 결과를 얻도록 지원.(행위 중 75~85%는 결과에 의해서 좌우된다는 사실을 명심하라.)

위의 책임과정은 당신에게 다소 간단해 보일 수 있다. 그렇다고 꼭 몇십 개의 그래프와 수백 페이지에 달하는 난해한 법률용어를 알아야 할 필요는 없는 것이다.

오히려 우리는 사원들이 실수를 했을 때, 정말로 기뻐해야만 한다. 왜? 우리가 승리했을 때보다 실수투성이로 남겨질 때가 훨씬 배울 것이 많기 때문이다.

우리는 남들이 실수를 했을 때, 오히려 축하하면서 우리가 도울 수 있는 모든 일을 해야만 한다. 그러면서 우리가 실수를 할 때도 스스로 기뻐해야 한다. 일단 우리가 이러한 행복감을 맛보려면 잘 못이 왜 일어났는지 분석할 필요가 있고, 그 일이 다시는 일어나지 않도록 무엇을 할 수 있는지 분석할 필요가 있다.

그러나 우리가 두번째로 똑같은 실수를 했을 때는 약간 다른 태도로 그 실수를 다뤄야 한다. 그때 분석과정은 우리가 왜, 그리고 무엇을 행할 수 있었는지를 생각할 때와 똑같다. 분석한 후에는, 우리가 결정한 수행 수준이 모든 관련 부문에 적절했고 또, 그 실수를 재연하지 않을 자신이 있다면, 그것을 실행할 계획을 세워야 한다.

그렇지만 모든 사람들은 똑같은 실수를 세번째로 반복할 때는 용납의 여지가 없다는 것을 명심해야만 한다.
잘못을 반복하는 사람은 자신의 감정과 능력 수준에 대해 의미 있는 말을 한다. 그는 다음과 같은 두 가지 방향에서 말을 한다.

1. 나의 직업에서 발생한 상황은 내 인생에서 정말로 높은 비중을 차지하지는 않는다. 나의 열정과 수행 수준도 그렇게 높지는 않다.
2. 나는 그런 임무를 관리하는 데 필요한 능력이 없다.

우리 자신과 다른 사람들을 도와 최고 실적자가 되게 이끌어야 하는 우리의 책임은 위 두 명제에 적절한 행동을 취할 때 잘 드러난다.
제1명제의 경우에 적절한 행동은 그 사람과 조직을 위해서도 각 개인들을 다시 배치하는 것이다. 당신의 회사 내에서 재배치가 된다면 그것은 더욱 좋다. 만일 다른 조직으로 옮겨야 하는 재배치라면 기타 관련사항을 생각할 때 오히려 긍정적이기도 하다. 사람들에게 자신이 즐거워하지도 않는 일을 계속 하길 요구하는 것은 만족스럽게 일을 수행해 내지 못하게 할 뿐만 아니라, 각 개인에게 불행과 생산성 감소라는 운명에 처하게 만든다. 관리자가 직원을 위해서 도울 수 있는 가장 좋은 방법은 그의 장점이 어떤 일에 있는지 또는 다른 산업분야에 있을지도 모른다는 점을 발견하도록 하는 데 있다. 그것은 경영 컨설턴트 프레드 스미스가 말한 것처럼 어려운 결정일지도 모르겠다. 그러나 이런 결정이 빠르면 빠를수록 실제적인 낭비는 더욱 줄어든다.
제2명제의 경우에 관리자는 그 사람이 그 직무를 감당하는 데 필요한 훈련을 받도록 도와 주어야 한다. 만일 필요한 기술능력이 그 직원의 능력 밖이라면, 그 사원에게는 문제가 없다. 당신의 고용 과정에 문제가 있는 것이다. 관리자는 사원들이 가지고 있는 기술과 능력을 잘 활용할 수 있는 자리를 그들 스스로 발견하도록 돕는 사람이다. 또는 그런 기술과 능력을 완전히 계발해서 성공하도록 훈련시키는 사람이다.

바람직한 결과를 위해 PVP법을 부가하라

 PVP란 수행가치 패키지(Performance Value Package)를 말한다.

 우리는 표준작동과정을 계획했던 것처럼 책임과정을 계획할 때, 효율적이며 열정적인 관리로 회사와 직원에게 만족스런 결과를 낳도록 하기 위한 안전보장장치가 필요하다. 이 안전보장장치는 수행가치 패키지 속에 포함된 것이다. 이 과정에서 기본적인 수행 수준은 중요한 열쇠이다.

 기억하라! 당신과 사원은 기본적인 수행 수준이 고용을 계속하기 위한 최소한의 수위라는 것에 동의했다는 것을. 그리고 그 과정이 고용인의 참가 속에 수행된다면, 당신과 고용인은 공통의 토대를 가지고 있는 것이다. 정당한 절차에서 기본적인 제1단계 수행 수준부터 맞지 않는다면, 관리자와 사원은 되돌아가서 그 원인이 무엇인지를 서로 묻고, 앞으로는 맞아 떨어질 수 있도록 무엇을 확실히 행할 것인지 결정하면서 분석해 본다.

 이러한 시도가 두번째에도 맞아 떨어지지 않는다면, 그리고 책임부담을 직원과 관리자가 함께 공유한다면, 수습기간을 설정한다. 수습기간은 실수를 바로 잡기 위한 행동수정계획과 사원의 지위에 따라서 2주에서 여섯 달 정도 걸린다. 일부 일괄작업의 사원들은 1주 이내에 개선할 수도 있다. 반면에 중역들은 2년 정도의 수습기간이 필요할지도 모른다.

기본적인 수행 과정을 적당한 기간 내에 성취하지 못할 때, 사원이 가지고 있는 현재 위치는 그가 속해야 하는 위치가 아니라는 것을 암시한다. 이 과정을 관리자가 적절하게 조절한다면, 부적절하게 자리잡고 있는 고용인은 스스로 그만두거나, 아니면 적어도 다른 일이 양자에게 최선의 이익이 된다는 당신의 말에 동의할 것이다.

그 사람이 정말로 잘 하는가?

구체적인 응용사례를 들어 보자. 최근에 나의 동료 짐 새비지는 치과의사들과 그들의 배우자, 그리고 치과 사무실 전 직원에게 그 방법을 강의했고, 그들은 그 수행 과정이 정말로 훌륭한 방법이라는 것을 증명해 주었다. 짐의 말에 따르면 그들은 함께 일하기에 매우 유쾌한 사람이었다고 한다. 그들은 상당히 전문적이며 이해력이 빠르고 자신의 분야에서 더 성공하고자 아이디어를 찾아 노력하는 사람들이었다.

강의가 끝나고 그들은 함께 점심식사를 했다. 짐은 커다란 둥근 식탁에서 의사들과 함께 앉아 즐거운 대화를 나누면서 식사를 했다.

한 치과의사가 말했다.

"나는 접수원들에게 '긴급호출'을 할 수가 없어요."

그 의사는 '긴급호출'이라는 것이 약속을 재확인시키거나, 혹은 환자들에게 이를 깨끗이 할 시간이라는 것을 인지시키는 것이라고 설명했다.
 짐은 순진하게도 물어 보았다.
 "그렇다면, 그 접수원들이 여태껏 당신을 위해서 일하는 이유는 어디에 있습니까?"
 "글쎄요? 훌륭한 직원을 얻는다는 게 그렇게 쉽진 않군요."
 그의 대답이 궁색해서 짐은 좀 씁쓸해했다.
 짐은 다시 물었다.
 "그렇다면 그 접수원은 어느 정도 훌륭한 직원입니까?"
 의사는 자신의 말을 합리화시키느라고 몇 분 말을 거듭하다가, 중간에 더듬거리며 말했다.
 "참 바보스럽게도……. 그녀는 정말 괜찮은 사람인데, 내가 올바르게 관리하지 못한 탓이죠."
 짐은 그 의사가 자기 스스로 결론에 도달하는 것을 알고 기뻤다고 말했다. 만약에 짐이 다음과 같이 말했다면 어떻게 되었을까?
 "당신이 그녀에게 충분한 방향 제시를 하지 않은 겁니다."
 틀림없이 그 의사는 정말 도전적이 되었을 것이다.
 짐의 질문에 대답하면서 그 의사는 다음과 같은 내용을 발견해 냈다.

 1. 호출의 개념을 알리고 그 중요성을 확립해야 한다.
 2. 직원들을 그의 기대에 부응하도록 수련시켜야 한다.
 3. 기대하는 바를 확실히 성취하기 위해서 조사작업을 벌여야 한다.

 의사는 사무실에 되돌아가서 사무실 관리자들과 접수원과 함께 회의를 소집했다. 그는 다음과 같이 말하면서 회의를 시작했다.

"여러분들에게 보다 많은 급료를 지불하는 것이 저의 목표입니다! 어떻게 급료를 올릴 것인지 토의해 보는 것도 아주 흥미로운 일이 아니겠습니까?"

의사는 먼저 분명하게 직원들의 주의를 끌었다! 직원들의 열렬한 찬성의 끄덕임을 본 후에 그는 계속했다.

"여러분도 다 아시다피시, 우리는 매달 우리 능력(일하는 시간과 가능성 있는 고객의 수에 기초해 볼 때)의 60~75%만을 이용하고 있습니다. 실질적으로 급료를 올리려면, 우리는 보다 많은 고객이 필요합니다. 고객을 늘릴 수 있는 가장 좋은 방법은 확실한 약속을 받아 두는 것입니다. 과거에는 이 점을 강조해서 호출한다고 하였기 때문에, 특히 '긴급호출'이라고 했습니다. 지금부터는 그것을 '비즈니스 증강 호출'이나 '도움 호출'이라고 불러 봅시다. 우리는 고객들이 필요로 하는 것을 서비스하고, 그들이 우리 사무실에 들러야 할 때를 알려 주어 그들을 도와야 하는 책임이 있습니다."

그는 계속해서 말했다.

"사무실에는 도움을 청하는 요구 전화가 많이 걸려 옵니다. 그렇지만 여러분들이 하루 종일 그 전화만 받는 것을 원하지는 않을 것입니다. 오히려 고객이 우리 치과에 들르도록 하는 도움 전화가 얼마나 되는지 생각해 봐야 합니다."

대화는 계속되었고, 사무실 관리 직원과 접수원 두 사람은 모두 아이디어를 내놓았다. (질문을 서로 하는 가운데) 다음과 같은 결론이 나왔다.

1. 접수원은 고객의 방문 일자보다 일주일 전에 약속을 100% 미리 검토해 확실히 한다. 그는 오전, 오후로 나누어 전화로

알리고, 필요하다면 저녁에 집에서도 전화를 한다.
  그녀는 팔로우 업 시스템(Follow-up System)을 개발해서 시간을 계획적으로 사용하였다. 그래서 하루 중 지루한 시간을 이용하여 확인 전화를 했다. 이런 경우에 이루어진 약속의 100%는 모두 그녀의 기본적 수행, 성공적 수행, 가치있는 수행을 증명하는 셈이다.
2. 사무실의 관리직원과 접수원은 '도움' 전화 혹은 '비즈니스 증강' 전화 작업량을 절반씩 똑같이 나누었다. 매일 다섯 통의 전화는 기본적 수행 과정이고, 여덟 통의 전화는 성공적 수행, 열 통의 전화는 가치있는 수행 수준으로 평가했다. (이러한 3단계 수행 과정은 모두 약속 전 7일 동안 연락하는 것이다.)
3. 사무실의 관리직원은 한 장의 기록 카드를 개발했다. 그 카드는 사람들이 프로그램이 어떻게 진행되고 있는가를 알아야 할 필요가 있는 정보를 모으고 산정할 수 있도록 해준다. 이 카드는 매주마다 의사에게 제출한다.
4. 60일 이전에 약속을 해놓고 나타나지 않는 사람은 거의 없어졌다. 부수적으로 새로워진 훌륭한 대인관계가 만들어졌다. 사무실은 85~90%의 능력을 발휘하면서 운영되었고, 사무실의 관리직원과 접수원은 실질적인 급료를 인상받았다. 그리하여 의사는 그가 원했던 것(보다 많은 고객)을 얻었다. 왜냐하면 그의 직원들이 원하는 것(임금 인상)을 얻도록 도와 주었기 때문이다. 또한 직원들은 그들이 원하는 것(임금 인상)을 얻었다. 왜냐하면 그들은 고객들이 원하는 것(보다 아름답고, 보다 건강한 치아와 잇몸)을 얻도록 도와 주었기 때문이다.

그러면 이제 위의 예에서 사용한 주요 도구들을 밝혀내 보자. 사냥꾼은 사냥을 할 때, 먹이를 추적해서 잡는다. 그는 성공할 수 있도록 작은 부분까지 계획한다. 사냥감, 지리적 조건, 날짜, 사냥 도구(무기), 하루 중 사냥시간, 이동방식 등. 우리가 최고의 실적을 위해서 사냥한다면, 우리가 이와 똑같이 해야만 한다. 우리를 목표에 이르게 하는 성공 활동을 '밝혀 내어야'만 한다. 우리가 목표를 아주 작은 부분으로 나누고, 기본적 수행 단계, 성공적 수행 단계, 가치있는 수행 단계를 결정하면, 성공할 수 있는 때와 최고 실적자의 수준에 이르는 방법을 알게 된다.

어떤 훌륭한 관리자는 말했다.

"당신이 그것을 평가할 수 없다면, 당신은 그것을 성취할 수도 없다."

분명히 모든 수행가치의 패키지 프로그램이 이 사람이 했던 것처럼 긍정적인 결과를 가져오지는 못한다. 우리 회사 내에서도 잘 해내지 못하는 텔레마케팅의 대행자가 있었다.

그의 관리자와 그는 하루에 평균 80번 정도(전화를 건 숫자)를 시도해 20번 정도를 성공해 기본적 수행 단계로서 판매액은 600달러를 올린다는 데 동의했다. 또 90번 시도, 25번 성공한 전화, 그리고 800달러의 판매액을 성공적 수행 단계로 결정했다. 그리고 100번 시도에 30번 성공한 전화, 1,200달러의 판매액을 가치 있는 수행 단계로 결정했다.

30일이 지난 후, 텔레마케팅의 대행자는 평균 60번 시도에 12번 성공, 그리고 200달러의 판매 실적을 올렸다. 그가 관리자와 일대 일로 대면을 했을 때, 그 세일즈맨은 수행 부족에 관한 분명한 사유를 알 수가 없었다.

1시간 동안 계획하고 토의한 끝에 그들은 기본적 수행 단계로서 다음 주 동안 60번 시도, 15번 성공, 그리고 판매액을 500달러로 한다는 데 동의했다. 약속한 시간이 끝나갈 무렵, 결과는 58번 시도, 10번 성공, 판매액 180달러였다. 그렇다면 다음에 만났을 때 관리자가 할 수 있는 질문은 다음과 같다.

1. 당신은 우리가 지난번 모임에서 동의했던 기본적 수행 단계가 정당한 것이었다고 생각하는가? ("예.")
2. 당신이 그 단계에 이르도록 하는 데 특별히 내가 도와야 할 사항이 있는가? ("아니오.")
3. 당신이 이 일에서 확실한 토대를 세우지 못한다면, 다른 어떤 분야에서는 좀더 잘 할 수 있다고 생각하는가? ("예.")
4. 당신이 이러한 최소한의 수준에도 능력 발휘를 하지 못한다면, 여기서 보다 좀더 나은 분야의 작업도 수행할 수 없다는 것을 이해하는가? ("예.")
5. 당신은 약속한 수준에 이르는 데 앞으로 7일이면 가능하다고 생각하는가? ("예.")
6. 내가 이 모임에 대해 어떻게 느끼고 있다고 생각하는가? ("당신은 나의 성공에 대해 관심이 많은 것 같아요.")
7. 당신은 이 모임에 대해 어떻게 느끼는가? ("좋습니다. …… 그리고 유익합니다.")

이틀 후에 그 세일즈맨은 우리 회사의 다른 부서로 옮겨 달라고 요청했다. 기간과 숫자야 변할 수 있지만 과정은 그렇지가 않다!
 마지막으로 한 가지 예를 들면서 이 주제에 대해 매듭을 짓겠다.

"내 직장이 싫어요"

어느 날, 앨라배마 주의 버밍햄에서 강의를 하기 직전 잠깐 쉬고 있을 때였다. 숙녀 한 분이 내가 쉬고 있는 무대 뒤로 찾아와서 면회를 청했다. 그녀는 매력적으로 차려입고 있었다. 하지만 그녀의 태도는 마치 웃지 않기로 굳게 마음먹은 것처럼 보였다.

그녀는 내게 와서 푸념을 늘어놓기 시작했다.

"아, 지글러 씨! 당신을 만나뵙게 되어 정말 기뻐요. 만일 누군가 날 도와 주지 않는다면, 난 어떻게 될지 모르겠습니다. 나는 내 직장이 싫어요! 우리 사장은 어떠한 격려의 말도 해주지 않아요. 우리 회사에는 나를 좋아하는 사람이 아무도 없답니다. 나 또한 우리 회사에는 좋아하는 사람이 아무도 없습니다. 슬픈 일이지요. 회사를 그만두고 싶어요."

그녀는, 스스로 방에서 나감으로써 그 방의 분위기를 밝게 해주는 그런 부류의 사람이었다. 당신은 나의 이 말이 무엇을 뜻하는지를 짐작할 것이다.

카벳 로버트가 말하곤 했듯이, "그녀는 타이타닉 호를 찾아 헤매는 수색선의 선장처럼 지쳐 보였다."

그녀가 자기의 친구들과 친척들, 이웃들, 그리고 처음 보는 사람들에 대해서 늘어놓는 자질구레한 얘기는 전혀 재고의 가치가 없는 것들이었다. 그녀는 내가 그녀 곁에 앉아서 자기의 모든 푸념을 들어 주길 기대하는 것 같았다.

"오! 저런, 안됐군요. 그러나 당신은 꿋꿋한 사람임에 틀림없습니다. 다른 사람들을 위해서 세상의 짐을 지도록 운명지워진 사람이 있지요. 당신이 가야 할 길은 십자가와 같군요. 당신은 용감하게 극복하고, 최상의 것을 성취하려고 모든 일에 최선을 다해야만 합니다."

내가 이렇게 말했을 때 그녀는 내 말을 충분히 이해하는 것 같았다. 그녀는 손수건으로 눈물을 닦아 가면서 면담이 끝나길 바라면서 다음과 같이 말하는 것이었다.

"당신은 너무나 많이 저를 도와 주셨어요. 저의 문제를 공유할 시간을 할애해 주셔서 매우 기쁩니다."

그러나 내가 그녀가 말하는 것과 같은 그러한 접근법을 취했다면, 나는 내가 믿고 있는 모든 것을 배반하는 것이 될 것이다. 그녀가 필요로 한 것은 동정이었다. 그녀는 인생을 자기 연민으로 허우적거리며 보냈고, 'I CAN' 여사인 메이미 매컬로우의 말처럼 '그녀 자신만의 자기 연민에 사로잡혀서' 지냈다.

그녀는 동정이 아니라 감정이입이 필요했다. 그녀는 문제를 안겨 주는 사람이 아니라, 그녀 자신이 해결점을 찾도록 도와 줄 사람을 필요로 하고 있었다.

불행히도 상황은 악화될 수 있다

그녀가 깊은 한숨을 몰아쉰 후 잠깐 침묵을 지킬 때, 나는 그녀를 쳐다보면서 말했다.

"예, 잘 알겠습니다. 당신의 상황은 대단히 좋지 못한 것 같군요. 그러나 불행하게도 더욱더 악화될 수도 있습니다."

그녀는 찬물 한 바가지를 뒤집어쓴 듯이 깜짝 놀라는 표정이 되었다.

그녀는 내가 '젊잖은 지글러 씨'가 되어 주기를 기대했지만, 나는 완전히 딴판인 사람이었다. 나는 그것을 알고 있었다. 그녀는 즉시 이런 질문을 던졌기 때문이다.

"무슨 뜻이죠?"

"매우 간단합니다. 당신의 상황은 아무래도 더 악화될 것 같습니다. 왜냐하면, 이대로 나가다가는 현재의 직장을 잃을 염려가 매우 높기 때문입니다. 이런 식이라면 앞으로도 계속해서 직장을 잃을 것입니다. 당신의 상황은 더욱더 악화되겠지요. 그렇지 않겠습니까?"

숙녀는 항의하듯이 말했다.

"무슨 말씀을 그렇게 하십니까?"

"당신이 앞으로도 계속 그런 소극적인 태도로 살아간다면, 당신은 어떤 직장에서도 살아남을 수가 없습니다."

그러자 그녀는 눈물을 글썽거리면서 물었다.

"그러면 전, 어떻게 해야 좋을까요?"

"방법이 있습니다. 만일 당신이 정말로 문제를 해결하기를 원한다면 말입니다."

"제발 그것이 무엇인지 말씀해 주세요. 저는 해결책이 필요합니다."

문제에 직면한 사람이 진실하게 그 문제가 해결되기를 원하는지 아닌지를 알아내는 것은 매우 중요한 일이다. 수많은 사람들이 겉으로는 도움을 구하는 듯하지만, 사실 그들이 원하는 것은 자신들의 말이나 행동에 동의할 사람이나 단순히 자신들의 말을 들어 줄 사람인 경우가 많기 때문이다. 나에게는 시간이 한정되어 있었기 때문에 단순한 경청자가 되어 줄 시간은 정말 없었다. 나는 문제를 방관하는 자가 되고 싶지는 않았다. 진실로 그녀의 문제가 해결되기를 바랐다.

그녀는 자신의 문제가 해결되기를 갈망한다고 내게 확실하게 말해 주었다. 그래서 나는 그녀에게 도움이 될 만한 몇 가지 이야기를 해주기로 약속했다.

좋은 점을 찾아서 기록해 보라

"오늘 밤 집에 돌아가면 먼저 백지 한 장을 꺼내십시오! 거기에 당신의 직무와 회사에 관해서, 당신이 좋아하는 것을 모두 다 기록하시기 바랍니다."

내 말에 그녀가 대꾸했다.

"그런 일이라면 아주 간단합니다. 내가 좋아하는 것은 눈을 씻고 봐도 찾을 수 없을 테니까요."

"그렇다면 한번 물어 봅시다."

"좋습니다. 뭐든지 물어 보세요."

"당신이 일한 대가로 월급이 나옵니까? 아니면 무료봉사입니까?"

"일을 한 대가로 분명히 월급이 나옵니다."

숙녀가 눈을 내리깔고 대답했다.

"그렇다면 그것을 좋아하지 않으십니까?"

"물론 월급받는 것을 좋아합니다."

"그렇다면 당신이 당신의 직장에 관해서 좋아하는 것을 첫번째로 발견했군요. 그것을 적으시면 됩니다. 지금 당장 리스트 작성을 시작합시다. 두번째 질문은 이것입니다. 당신이 받는 월급은 보통 이하인가요, 보통인가요? 아니면 보통 이상인가요?"

"내가 받는 월급은 보통 이상입니다."

"당신은 그 사실을 좋아하지 않습니까?"

"물론 나는 그 사실을 좋아합니다."

"좋습니다. 당신은 당신의 직장에 대해서 두번째로 좋아하는 것을 발견했습니다. 보통 이상의 월급을 받는다는 것이 당신이 좋아하는 두번째입니다. 그러므로 그것도 적으십시오! 세번째 질문은 이것입니다. 휴가를 얻은 적이 있습니까?"
 "예, 물론 나는 휴가를 얻습니다!"
 "당신은 그것을 좋아하지 않습니까?"
 "물론 나는 그것을 좋아합니다."
 "좋습니다. 당신은 직장에서 휴가도 얻는다고 말씀하셨습니다. 그것을 좋아한다고도 말씀하셨습니다. 그러므로 그것도 적으십시오! 네번째 질문은 이것입니다. 당신의 회사에는 정년제도가 있나요?"
 "우리 회사에도 물론 정년제도가 있습니다."
 "그것을 좋아하지 않으십니까?"
 "물론 나는 그것을 좋아합니다."
 "좋습니다. 당신의 회사에는 정년제도도 있습니다. 그리고 당신은 그 사실을 좋아합니다. 그러니 그것도 적으십시오!"
 이런 식으로 대화를 나눈 결과, 그녀는 자신의 직장에 대해 좋아하는 점을 많이 발견하게 되었다(의료제도와 생명보험제, 연간 5일간의 생리휴가, 국경일 휴무제, 퇴직할 때 이익분배계획, 1시간의 점심시간, 고용인·고용주 관계에서의 참여도, 개인 주차공간, 작업할 수 있는 아름다운 빌딩 등).
 몇 분 전까지만 해도 자신의 직장에서 좋아하는 점을 하나도 발견할 수 없었던 그녀가 대화를 나누면서 찾아낸 직장의 좋은 점은 무려 22가지나 되었다.

당신이 원하는 것을 찾을 수 있다

어디에 가든지 거기에는 범죄, 마약, 매음, 소극적인 사람, 그리고 문제아가 있다. 앨라배마 주의 모빌에 가든지 뉴욕 주의 올버니에 가든지 또는 캘리포니아의 프레즈노에 가든지 말이다.

그와 마찬가지로, 앨라배마 주의 모빌에 가든, 뉴욕 주의 올버니에 가든, 또는 캘리포니아 주의 프레즈노에 가든, 우리는 그곳에서 가장 아름다운 것, 가장 사랑스러운 것, 가장 잘 돌보아지고 있는 것, 가장 헌신적인 것, 하나님을 가장 경애하는 사람, 국기를 가장 신나게 흔드는 사람, 가족을 가장 아끼는 사람을 찾아볼 수 있다. 당신은 자신이 찾고자 하는 바를 어디에서든지 찾을 수가 있다!

가장 훌륭한 남자나 여자, 가장 훌륭한 남편이나 아내, 가장 훌륭한 소년이나 소녀에게서라도 당신은 결점을 찾아낼 수가 있다. 물론 보통 남자나 여자에게서도 당신은 좋은 점을 발견할 수가 있다. 그것은 당신이 찾고자 하는 바가 무엇인가에 달려 있다.

남편들이여! 만일 당신이 아내를 바보처럼 대한다면, 당신의 잔소리는 결코 그칠 날이 없을 것이다. 아내들이여! 만일 당신이 당신의 남편을 챔피언처럼 대한다면, 당신은 결코 남편을 푸대접할 수는 없을 것이다.

당신은 자신의 일터에서나 회사에서도 좋아하는 점과 싫어하는 점을 찾아낼 수가 있다. 그것은 당신이 인생으로부터 무엇을 원하는지에 달려 있다. 왜냐하면 당신은 자신이 원하는 것을 찾아낼 것이기 때문이다.

당신은 자기 자신이나 당신의 배우자, 당신의 직장, 당신의 아이들, 당신의 나라, 또는 당신의 미래에서 얼마든지 좋은 점과 나쁜 점을 발견할 수가 있다.

메시지 : 당신이 원하지 않는 바를 찾지 말고 원하는 바를 찾아라.

긍정적인 견해 갖기를 습관화하라

나는 그 숙녀에게 그녀 자신의 직장에 대해서 적은 그 22가지의 긍정적인 자랑거리들을 잠자기 전에 천천히 큰소리로 읽으라고 말했다. 그러면 긍정적인 생각들이 그녀의 잠재의식에 축적될 것이기 때문이었다. 그뿐만 아니라 직장에 출근하기 전에도 그 리스트를 한 번씩 읽어 보라고 권하기도 했다.

될 수 있으면 그 리스트를 어디를 가든 가지고 다니는 것이 좋을 것이다. 생각날 때마다 직장의 좋은 점을 추가시킬 수도 있을 것이기 때문이다. 그러면 그럴수록 그녀는 자신의 직장을 더욱더 좋게 생각하게 될 것이다.

다음날도 그 다음날도 직장에 대한 긍정적인 사항을 추가시키는 것이 좋지 않을까? 나는 최소한 앞으로 '21일 동안'은 그렇게 하는 것이 좋겠다고 말해 주었다. 그렇게 함으로써 항상 단점을 보는 나쁜 습관을 버리고, 긍정적인 점을 바라보는 좋은 버릇을 갖게 될 것이기 때문이다.

대략 35분쯤의 대화를 나눈 후 그녀는 완전히 다른 마음자세가 되어 떠나갔다. 그녀가 걸어 나갈 때의 자세는 들어설 때와는 달리 활기차 보였다. 그녀는 타격을 받은 실망스러운 사람처럼 걸어 나가지 않았다.

그녀는 35분 동안 나와 이야기를 나눈 후 올바른 자세를 갖게 되었다. 나는 그녀에게 내가 말해 준 계획에 따르기만 하면 희망이 있다고 약속했었다. 6주 후 나는 다시 버밍햄에서 열린 세일즈 훈련 대회에 강사로 참가하게 되었다. 나는 그녀가 앞줄의 오른쪽 좌석에 앉아 있는 것을 보았다. 그날 활기차게 걸어 나갈 때와 마찬가지로 그녀는 나에게 활짝 웃어 보였다.

나는 그녀와 잠시 한담을 나누면서 요즈음 어떻게 지내고 있느냐고 물었다. 그녀는 대답했다.

"솔직히 말씀드리자면, 난 미로에서 완전히 빠져 나오지는 못했습니다. 그러나 어쩐지 회사의 사람들이 나를 대하는 태도가 달라진 것 같습니다. 그것만은 확실하게 말씀드릴 수 있습니다."

그녀의 세계는 변화되었다. 왜냐하면 그녀의 자세가 변화되었기 때문이다. 당신도 그렇게 변화될 수가 있다!

당신 자신과 타인들에게 최선을 기대하라!

□ 인간 경영의 원칙

1. 우리는 우리가 기대한 바를 다른 사람들에게서 얻게 되는 경우가 많다.
2. 보통 회사와 우수한 회사의 다른 점은 훈련에 있다.
3. 당신이 추구하는 바를 당신은 인생과 직장에서 찾을 수 있다.
4. 계획 없이는 절대로 약속하지 말라.

제 5 장 충성의 가치를 알라

> 1온스의 충성은 1파운드의 영리함만큼이나 가치가 있다.
>
> —앨버트 후바드

성공의 공식 GEL의 세 글자 중 세번째 L은 '충성하라(Loyalty)'는 것이다. 충성이란 다른 사람이 성공하도록 끝까지 돕는 것을 말한다.

그란트 티프는 텍사스 주의 와코에 있는 베일러 대학의 축구 코치이다. 유명한 그 축구 코치에게서 나는 충성에 관한 이야기를 들은 적이 있다.

베일러 대학의 축구팀은 그란트 티프 코치가 축구 코치로 부임한 지 3년째 되던 해에 처음으로 챔피언이 되었다. 50년 만의 경사였다.

처음 두 해 동안 그는 기초를 튼튼히 하기 위한 맹훈련을 계속했다. 3년째가 되던 해의 초에 베일러 대학의 축구 담당자가 찾아와서 함께 사냥을 가자고 제의했다. 서부 텍사스에 사는 한 농부가 자신의 사냥터에 와서 사냥을 하도록 제의했다는 것이었다.

축구 시즌이 시작되면 그런 기회는 다시 오지 않을 것이므로 좋은 기회가 아닐 수 없었다. 시즌이 되면 그란트 티프 코치는 하루 14시간 내지 16시간씩의 강행군을 계속해야 할 터였다. 그들은 사냥총을 트럭에 싣고 떠났다. 마침내 사냥터에 도착하자 티프 코치는, 농부에게 가서 사냥하러 왔다는 것을 알리고 올 터이니 트럭에서 기다리고 있으라고 말한 후 농부의 집 문을 두드렸다. 티프 코치를 보고도 농부는 웬지 그리 반가워하는 것 같지 않았지만 어쨌든 농부는 티프 코치를 보고는 인사를 했다.

"반갑습니다. 티프 코치님! 그런데 당신은 베일러 베어스 팀에 오신 후 고생을 많이 하셨지요. 나는 당신이 과거 2년 동안 수많은 게임을 치렀지만 한 번도 이기지 못했다는 걸 잘 알고 있습니다. 그러나 이번만큼은 챔피언이 될 만반의 준비를 갖추고 있다고 믿고 있습니다."

코치는 농부의 이 말을 듣자 매우 기분이 좋았다.

"대단히 감사합니다. 뭐든지 도움이 필요하시면 말씀만 하십시오."

그러자 농부가 말했다.

"그렇게 말씀하시니, 한 가지 생각난 게 있습니다. 당신은 당신의 트럭 앞에 있는 늙은 노새를 보셨을 것입니다. 그 노새는 약 20년 동안이나 우리 농장에서 살았습니다. 솔직하게 말씀드려서, 티프 코치님, 그 노새는 우리 집에서 매우 쓸모가 있었습니다. 하지만 최근에는 질병에 걸려 몹시 고통스러워하고 있습니다. 그런 고통에서 해방될 수만 있다면 얼마나 좋겠습니까? 하지만 난 차마 그 짓을 할 수가 없습니다. 또 내 아내는 총을 한 번도 쏘아 본 적이 없답니다. 그녀는 개미 한 마리도 밟아 죽이지를 못하니 말 다 했지요. 당신에게는 사냥총이 있습니다. 노새가 고통을 잊을 수 있도록 쏘아 주실 수 있겠습니까?"

"당신의 사냥터에서 사냥을 하게 해주신 건 대단히 감사합니다만 노새에게 총을 쏘는 것만은 좀 어려운 문제 같군요."
그러자 농부가 말했다.
"뭐, 괜찮습니다. 당국에서 그 노새를 어떻게든지 처리하겠지요. 당신과 당신의 조수가 사냥을 끝낸 후에 말입니다. 사냥을 끝낸 후 이리로 오십시오. 함께 만찬을 들게 말입니다."
티프 코치는 트럭으로 돌아가면서 혼자 중얼거렸다.
'내가 그렇게 무능한 코치란 말인가?'
그는 눈물까지 글썽거리고 있었다. 조수가 이것을 보고는 코치에게 물었다.
"코치 선생님! 뭐가 잘못되었어요?"
티프 코치는 이렇게 대답했다.
"저 늙은 농부가 나를 정말 화나게 하는군요. 당신과 내가 베일러 베어스 팀의 코치로 근무하는 한 절대로 이길 수 없을 것이라는군요. 믿어지나요?"
"뭐라구요?"
조수는 펄쩍 뛰었다.
"그것만이 아닙니다. 그는 우리가 축구 역사상 가장 무기력한 코치로 남게 될 것이라는 말까지 했습니다!"
"하지만 그는 우리가 이 사냥터에서 사냥을 하도록 허락하지 않았던가요?"
"더구나 그는 우리가 이곳을 떠나지 않으면 경찰을 부르겠다는 말까지 했습니다!"
"정말 믿을 수가 없군요!"
조수는 설레설레 고개를 흔들었다.
"그 말을 들으니 정말 화가 나서 못 견디겠군요. 지금 그의 노새를 쏘아 버리고 싶소!"

"아, 안 됩니다! 그건 위법입니다. 코치님! 선생님이 노새를 쏘아 죽인다면 우리는 경찰에 체포될 것입니다!"

"경찰에 체포된다 해도 좋습니다. 베일러 베어스 축구팀에 대해서 악담하는 사람을 그냥 두고 볼 수는 없습니다. 그것만은 참을 수가 없습니다."

티프 코치는 웃음이 터져 나오려는 것을 간신히 참고 있었다. 그는 사냥총을 꺼내 늙은 노새를 겨냥했다. 마침내 방아쇠가 당겨졌다. '탕!' 하는 총소리가 사방으로 울려 퍼졌다. 조수가 놀라는 모습을 곁눈으로 보면서 티프 코치는 다시 두 방을 더 쏘았다. 탕! 탕! 그러자 조수가 고함을 질렀다.

"큰일났습니다! 빨리 이곳을 빠져 나가야 합니다!"

티프 코치의 조수가 사냥터에서 돌아온 후 더욱더 분발했음은 물론이다. 이것은 어디까지나 지나친 충성심에 대한 일화일지도 모른다. 하지만 당신 자신이 최고의 실적자가 되기를 원한다면 당신은 세 가지에 대해서 충성해야 한다.

첫째, 당신은 당신 자신에게 충성해야 한다.

둘째, 당신은 당신의 가족들에게 충성해야 한다.

셋째, 당신은 당신의 조직에 충성해야 한다.

자기 자신에게 충성하라

당신 자신에게 충성하려면, 당신은 건전한 자기 이미지를 유지하도록 노력해야 한다. 이 말은 지나친 자만심이나 무책임한 사람이 되지 말라는 뜻이다.

무책임한 사람은 이렇게 말한다.

"우리가 제대로 이해하기도 전에 우리를 덮쳐오는 상황에 대해서는 어쩔 수가 없다."

당신 자신에게 충성하라는 말은 당신 자신을 믿어야 한다는 말이기도 하다. 나의 저서 《정상에서 만납시다》에는 이런 말이 있다.

'당신 자신이 당신을 바라보는 관점과 위배되는 성취란 있을 수 없다.'

당신이 자신을 바라보는 관점과 당신의 업무처리는 밀접한 관계가 있다. 이는 아무리 강조해도 지나치지 않을 것이다.

당신은 세계적으로 유명한 헤비급 복싱 챔피언이 자신의 능력을 의심하면서 링에 오르는 일이 있을 수 있다고 생각하는가? 절대로 그렇지 않다! 챔피언은 자기 자신을 믿으면서, 승리로 이끌 자신의 능력을 믿으면서, 링 안으로 당당하고 활기차게 들어간다.

세계적인 축구팀에 속하는 선수들은 절대로 옹졸한 성격을 갖고 있지 않다. 테니스 선수인 크리스 에버트 로이드는 게임에 임할 때마다 이길 것이라고 확신한다고 한다.

프로 골퍼인 낸시 로페즈는 게임에 임할 때마다 자신이 승리하는 모습을 상상한다고 한다.

세계적인 명사회자 자니 카슨(Johnny Carson)은 사회를 볼 때마다 약간의 불안을 느끼긴 하지만 그래도 자신의 능력을 믿는다고 한다.

'당신 자신을 믿는 것'과 '당신 자신에게 충성하는 것'이야말로 당신 자신을 최고의 실적자로 만드는 지름길임을 명심하라!

갤럽 여론조사에 의하면, 종업원들과 관리자들의 자존심은 생산성에 지대한 영향력을 끼친다고 한다.

캘리포니아 주의 가든그로브에 있는 수정유리 교회의 담임목사

로버트 슐러(Robert Schuller) 박사는, 어느 익명의 헌금자의 도움으로 자존심에 관한 연구를 갤럽 여론조사 연구소에 의뢰하게 되었다.

원래 슐러 박사는 생산성에 대해 그다지 관심이 없었다. 미국인들이 자존심을 어떻게 보고 있는지 단순히 알고 싶었을 뿐이었다. 그러나 1,500명의 사람들을 인터뷰한 결과에 따르면, 자존심은 생산성과 밀접한 관계가 있다는 것이 밝혀졌다. 이 연구 결과, 다음과 같은 사실이 밝혀지게 되었다.

- 자존심이 강한 사람들은 자신들이 생산적이라고 생각한다.
- 자존심이 약한 사람들은 생산성이나 생산성을 높임으로써 얻어질 보상에 대해 관심이 적다.

슐러 박사는 결국 '자존심과 생산성은 상상 외로 밀접한 관계가 있다'는 사실을 확신하게 되었다.

이 연구 결과에 따르면, 미국인들의 37%는 강한 자존심을, 30%는 약한 자존심을 갖고 있다고 한다.

자존심이 약한 사람들 중 17%는 자기 자신이 매우 생산적인 사람이라고 보고 있었고, 20%는 자기 자신들을 완전히 비생산적인 사람이라고 보고 있다는 사실도 밝혀졌다.

슐러 박사는 자존심이 약한 30%의 사람들은 자기 자신이나 고용주, 그리고 미국 사회를 아무렇게나 생각하고 있다고 결론을 내렸다.

경제학자들과 정부 당국의 생각은 다르다. 생산성을 높이기 위해서는 새로운 자본을 투자하여 새로운 공장을 짓는 것이라고 생각하는 것이다. 그러나 슐러 박사는 자존심을 강하게 하는 것도 한 가지 중요한 방법이 될 수 있다고 생각하게 되었다.

그렇다면 강한 자존심은 어디에서 비롯되는가? 이 연구 결과에 따르면, 강한 자존심은 좋은 가족 관계, 훌륭한 도덕적 기준, 종교, 절친한 친구들, 경제적인 복리, 취미 그리고 사회적인 지위에서 비롯된다고 한다.

결혼생활을 하고 있는 사람들은 이혼자들이나 과부, 홀아비들, 독신자들보다도 더 자존심이 강했다.

교육 역시 자존심을 부추기는 한 가지 중요한 요인이었다.

자존심이 강한 사람들은, 자신들이 성공을 추구하는 것을 당연하게 생각하고 있었다. 그러나 이에 비해 자존심이 약한 사람들은 성공을 물질적인 문제로 치부하고 있었다.

이 조사에서 밝혀진 가장 중요한 사실들 중의 하나는, 자존심이 약한 사람들은 신체적, 정신적 스트레스로 인해 고통을 면치 못하고 있으며, 직장생활에서도 결근율이 높고 생산성도 형편없다는 것이다.

분명히 지적한다. 당신의 자기 이미지는 당신이 회사에서 얼마나 높이 승진할 수 있는지를 결정하는 데 큰 몫을 담당한다. 왜냐하면 자존심이야말로 리더십을 계발하는 데 더없이 좋은 역할을 하기 때문이다. 리더십이 있는 사람이라면, 당신은 이미 성공의 사다리에 올라선 것이나 마찬가지인 것이다.

다음의 기사는 당신에게 많은 것을 시사해 줄 것이다. 이 기사의 타이틀은 〈자신을 격려하는 기술〉로서, 미국 경영협회의 전 회장이었던 제임스 헤이스(James L. Hayes)가 발표한 것이다. 물론 이 기사는 자존심이 약한 사람이나 자존심이 무엇인지를 모르는 사람에게는 관심을 끌지 못할 수도 있다. 그러나 이 기사는 당신의 잠재력을 계발하도록 적극적으로 도와 줄 것임에 틀림없다.

이 기사의 마지막 부분은 상당히 중요한 내용을 담고 있다.

 수많은 관리자들이 자신들의 유능함에도 불구하고 조직에서 승진을 하지 못하고 있다. 그것은 대부분 자기 자신을 고무시키는 기술에 대해서는 고려해 본 적이 없기 때문이다.
 뉴욕에 있는 헨치사에서 조사한 바에 따르면, 해고된 간부들 중 83%는 공통점이 있다고 한다. 자신들의 능력과 성취에 대해서는 관심이 없다는 공통점을 가지고 있었다. 결국 그들은 무용지물로 평가받게 되었다.
 반대로 보스턴에 있는 어느 회사에서 연구한 바에 따르면, 성공적인 관리자들은 자기 광고를 통해서 자신들의 이미지를 강화시키는 방법을 알고 있다고 한다.
 수많은 간부들이 자기를 광고하는 짓은 단순한 재미나 자기 과시욕에 불과한 것이라고 잘못 이해하고 있다는 것은 대단히 불행한 일이다. 그런 오해를 한 나머지 그들은 자기 이미지를 강화하는 일을 의식적으로 기피하고 있는 것이다. 그들이 고전을 면치 못하는 것은 바로 그 때문인데도…….
 자기 광고를 소홀히 함으로 해서 고생하는 간부는 성공적인 간부의 행위를 인정하지 않을 수는 있다. 그러나 성공적인 자기 광고로 인해서 생기는 혜택은 무시할 수가 없을 것이다.
 어떤 조직이든지 승진할 수 있는 기회는 한정되어 있다. 따라서, 자기 자신을 광고하는 관리자가 더 좋은 자리로 승진할 수 있는 확률이 더 높은 것이다. 실제로, 자기를 광고하는 관리자가 남들보다 더 빨리 승진하고 일을 더 신나게 한다. 그러니 그들이 더 많은 급료를 받고 최고 경영자와 더 자주 만나는 것도 당연하다.

자기 자신을 광고하는 기술이 있는 관리자들은 자기 광고의 기술이 필수적인 것임을 잘 알고 있다. 적당한 광고는 언제 어디서나 필요한 행위이지만 지나치게 광고하는 것은 위험한 일이다. 자기를 광고하는 테크닉 몇 가지를 예로 들어 보자.

- **동료들을 칭찬하라!** 다른 사람의 성취를 칭찬하는 것은, 당신이 당신 자신의 능력을 믿고 있다는 것을 의미한다. 그것은 또한 당신이 적극적인 사람임을 남들에게 보여 주는 일이기도 하다. 그러면 남들도 당신을 적극적인 자세로 칭찬하게 될 것이다.
- **부하들을 칭찬하라!** 부하가 일을 잘 했을 때는 칭찬해야 한다. 부하의 성공은 곧 당신의 성공을 의미한다. 당신이 부하들을 칭찬한다면, 그들은 과거보다 더 열심히 일할 것이다. 그들이 열심히 일하면 당신이 훌륭한 관리자라는 명성이 사방으로 퍼져 나갈 것이다.
- **메모를 해서 돌려라!** 만일 당신의 동료들에게 도움이 될 정보를 입수하게 되었다면, 그것을 메모지에 적어서 돌려 읽도록 하라. 당신의 노력과 호의는 반드시 고맙게 여겨질 것이다.
- **창조적인 계획을 실천하라!** 만일 당신이 더 좋은 계획을 개발하게 되었다면, 그것을 실천하라. 운영 개선을 위한 당신의 노력은 인정받게 될 것이다. 그리고 당신의 가치는 그만큼 높아질 것이다.
- **자원봉사자가 돼라!** 특별한 행사와 대회는 당신의 귀중한 시간을 빼앗는 것일 수도 있다. 그러나 그런 일에 적극적으로 참여한다면, 남들은 당신이야말로 급료를 받는 것

보다 더 많이 일하는 사람임을 인정하게 될 것이다.
- **좋게 말하라!** 항상 남들에 대해 좋게 말하라. 당신은 모든 일을 복잡하게 만드는 사람이라고 오해를 받는 일도 없지 않을 것이다. 그러나 만약 당신이 옳다면, 결국 당신은 남들로부터 감사하다는 말을 듣게 될 것이다.
- **모든 분야를 다 알도록 노력하라!** 적은 지식에 만족하지 말라. 가능한 한 당신의 조직에 대해 많은 것을 알도록 힘써야 한다. 그런 정보가 당신에게 언제쯤 보상을 안겨 줄지는 아무도 알 수 없는 일이다.
- **관찰하고 호응하라!** 당신 주위의 모든 것이 어떻게 돌아가고 있는지 이해하라. 호응을 요구하는 어떤 일이 있거든 즉시 호응해야 한다. 기다리면 기다릴수록, 당신은 매사를 조종하기가 그만큼 어려워진다. 너무 오래 기다리면, 당신은 악화된 상황을 더 이상 조종할 수가 없게 될지도 모른다.

위에 있는 몇 가지 제안들이 별것 아닌 것처럼 여겨질 수도 있다. 그러나 그것들은 모두 훌륭한 자기 광고의 테크닉임을 알아야 한다.

건전한 자기 이미지의 3단계

자존심이 최고 실적에 중요한 것이라면, 어떻게 해야 자기 이미지를 개선시킬 것인가 하는 문제는 실로 중요하다. 나는 《정상에서 만납시다》란 책 속에서 자기 이미지를 개선시키는 15가지 단계에 대해 이미 말한 바 있다. 그것을 다시 한 번 살펴보기 바란다.

그러나 나는 여기에서 관리자가 알아야 할 자기 이미지의 3단계를 말해 주고 싶다. 그것은 관리자 자신뿐만 아니라, 관리자의 통제 하에 있는 사람들의 자존심을 개선시키는 효과적인 방법이 되어 줄 것이라고 믿는다.

1단계 : 당신의 승리 리스트를 작성하라.

당신이 자신을 믿어야 할 근거는 어디 있는가? 그것을 알기 위해서는 승리 리스트를 만들어야 한다. 리스트에 '암 치료법을 개발했음'과 같은 위대한 성공만이 기록될 필요는 없다. 번잡한 거리에서 어떤 노인을 도와 준 것 같은 작은 선행도 당신이 거둔 승리일 수 있다.

사람들이 승리는 잘 잊어버리면서도 패배는 기억 속에 잊지 않고 저장해 둔다는 사실은 불행한 일이다. 만일 내가 당신에게 지난 2주 동안의 실패에 대해 말해 보라고 한다면, 당신은 아주 쉽게 그것들을 나열할 수 있을지도 모른다.

그러나 내가 당신에게 지난 2주 동안에 거둔 승리에 대해 말해 보라고 한다면 어떻게 될까? 당신은 그것이 무엇이었는지 잘 기억해 내지 못하지는 않을까? 당신이 승리 리스트를 작성해야 할 필요는 바로 여기에 있다.

이 리스트는 남들에게 자랑하기 위한 것이 아니다. 당신 외에는 아무도 보아서는 안 된다. 이 리스트는 당신의 자만심과는 관련이 없는 것이어야 한다. 내가 종종 말하듯이, '자만심이란 당사자를 제외한 주변 사람 모두를 잃게 하는 사악한 질병'인 것이다. 이 리스트는 당신이 정말로 가치있는 사람임을 명심하도록 돕기 위한 것이다.

이것은 남과 비교하기 위한 리스트가 결코 아니다. 남들과 자신을 비교하기 위해서 이 리스트를 만들어서는 안 된다. 세상에는 당신보다 더 강한 사람, 더 나아 보이는 사람, 당신보다 더 남을 잘 돕는 사람이 있다는 것을 이해할 필요가 있다. 마찬가지로, 당신보다 더 약한 사람, 더 이기적인 사람, 덜 매력적인 사람이 있다는 것도…….

그러므로 당신이 긍정적이든 부정적이든 비교를 위한 리스트를 만든다면, 그것은 위험한 일이다.

건전한 자기 이미지를 계발하길 원한다면, 당신은 오직 한 가지 비교만을 해야 한다. 당신의 능력과 당신의 행동을 비교하라. 만일 당신이 오직 이런 비교만을 한다면, 당신은 성장을 거듭하게 될 것이다. 건전한 자기 이미지를 유지하여 최고의 실적을 기록하게 될 것이다.

성공은 남들의 실적과 자신의 실적을 비교한 끝에 얻어지는 것이 결코 아니라는 사실을 명심하라. 당신이 그들에 비해 두 배의 능력이 있을 수도 있고, 절반의 능력밖에 없을 수도 있다. 진정한 성공은, 당신이 하나님으로부터 부여받은 능력을 얼마나 사용했는 가에 달려 있다.

당신은 또, 당신이 관리하거나 감독하고 있는 사람들에 대한 승리 리스트도 만들어야 한다. 그러면 당신과 당신의 직원들은 승리를 거두게 될 것이다.

2단계 : 죽을 때까지 살기로 결심하라!
윌 로저스(Will Rogers)는 마지막 연설을 하면서 이런 말을 했다.
"주여, 내가 죽을 때까지는 살게 하소서!"

물론 이 말은 살아있으면서도 죽은 것이나 마찬가지인 것처럼 살아가는 사람들을 경고하기 위해 한 말이다. 분명히 태어나긴 했지만 죽은 것이나 다름없는 그런 사람들 말이다. 그들은 고정관념에 사로잡힌 사람들이다. 그들은 무덤 속에 매장된 사람들과 별로 다를 바가 없다.

행복한 사람들, 성공적인 사람들이란 아무렇게나 인생을 살아가는 사람이 아니라 날마다 성장을 추구하는 사람들이라는 것을 그들은 절실히 깨달아야 한다!

'성장'이라는 말을 할 때마다 떠오르는 이야기가 있다. 〈권능의 시간(Hour of Power)〉이라는 텔레비전 프로그램을 통해서 로버트 슐러 박사가 들려 준 에드먼드 힐러리(Edmund Hillary) 경의 이야기이다.

힐러리 경은 역사상 최초로 에베레스트 산을 정복한 사람이다.

세계에서 가장 높은 이 산을 정복하려 했지만 그는 몇 번이나 실패를 거듭했다. 대원들 중 다섯 명이 죽는 참사를 당하기도 했다. 그런 그가 최초로 등정을 한 후 국회에 초대받았다. 국회에서는 그의 업적을 기리기 위해 에베레스트 산의 위용이 담긴 그림을 의사당 벽에 걸어 두기까지 했다.

힐러리 경이 의사당에 들어서자 의원들은 일제히 자리에서 일어나 환영의 박수를 보냈다. 힐러리 경은 눈물을 감추지 못했다. 수많은 의원들이 그의 눈물을 목격했다. 그들은 아마도 그의 눈물을 보고는 이렇게 생각했을 것이다.

'그는 아마도 우리의 열렬한 축하 때문에 행복의 눈물을 흘리고 있는 걸 거야.'

그러나 그의 눈물은 행복과 환희의 눈물이 아니었다. 그것은 분노와 욕구불만의 눈물이었다! 에베레스트 산을 정복하긴 했지만,

위대한 업적이라고 일방적으로 칭찬만 받기에는 너무나도 아쉬움이 많았기 때문이었다. 그 산을 정복하기 이전에 자신의 대원 다섯 명을 잃었다는 사실을 그는 마음 깊이 새기고 있었다.

의원들 앞으로 나서면서 그들이 환영하고 있는 그 뜻이 어디에 있는지를 그는 알고 있었다. 그것은 물론 그가 산을 오르는 데 훌륭한 노력을 했다는 것이다. 그러나 완벽함을 이루는 데 있어 가장 큰 적은 '훌륭함'에 머무는 것이다.

강단에 올라선 힐러리 경은 벽에 걸린 에베레스트 산을 향해 고함부터 질렀다.

"너는 나를 물리쳐 이겼다. 그러나 두 번 다시 나를 이길 수는 없을 것이다! 왜냐하면, 너는 더 이상 성장할 수 없기 때문이다! 하지만 나는 계속 성장할 수가 있지 않느냐 말이다!"

과거 당신이 이룩한 성취에도 불구하고 당신이 계속 성장하기를 원한다면, 당신은 계속 성장할 수가 있다! 힐러리 경이 에베레스트 산을 향해 던진 말을 깊이 명심하기 바란다. 그 말이야말로 적극적인 말이요, 낙관적인 말이다.

나는 또 당신에게 에머슨의 말도 상기시켜 줄 필요가 있다고 생각한다. 그는 이렇게 말했다.

"당신의 앞과 뒤에 놓여 있는 것들은 당신의 안에 있는 것보다는 중요한 것이 아니다!"

어느 모로 보아도 그의 말은 그른 데가 없다.

경영진으로 승진된 옛날의 사원들은 자신의 새로운 직위와 관련된 모든 것에 대해 알아야 한다고 느끼게 된다. 실로 무거운 짐이 아닐 수 없다. 그러나 당신이 백과사전이나 컴퓨터가 될 것을 기대하여 고용된 것은 아니라는 사실을 명심하라!

관리자들에게 필요한 것은 필요한 정보를 모두 다 기억해 내는 것이 아니라 필요한 정보를 어디서 찾아낼 것인지를 알아내는 일이다. 계획을 실천하는 자들보다도 더 중요한 것은, 계획을 만들어 낼 수 있는 자들이다.

명심하라. 모르면 관리하기가 어려운 법이다! 그러므로 계속적으로 교육, 세미나, 책들, 그리고 테이프들에 관심을 가져라. 당신의 앎에 대한 목마름은 절대로 중지되어서는 안 된다. 그러나 당신이 참석하는 세미나에서 제공하는 매뉴얼들을 암기할 필요는 결코 없다. 관리자로서 계속 성장하기로, 계속 배우기로 마음의 결심을 하라! 당신의 자기 이미지는 놀랍도록 개선될 수 있을 것이다.

우리들은 회사가 건물이나 컴퓨터, 전자식 제어장치나 장비들, 그리고 커뮤니케이션 시스템 등에 수많은 돈을 투자한다는 사실을 경시해서는 안 된다. 그렇게 돈을 들인 장비를 최대한 사용하게 될지 안 될지는 언제나 회사에 속한 사람들의 성장, 훈련, 자세, 그리고 능력에 달려 있다. 그리고 그들의 성장, 훈련, 자세, 능력에 대한 책임은 경영진에 달려 있다.

3단계: 당신의 책임 하에 있는 자들에게 관심을 가져라.

당신의 자존심을 개선하는 지름길 중의 하나는 남들에게 관심을 갖는 것이다. 우리 자신들에게 지나친 관심을 가진 나머지 자신감을 상실하게 되는 경우가 많다. 우리 자신을 잊고 남들에게 성실한 관심을 표하는 것은 우리로 하여금 건전한 자존심을 갖도록 해준다. 만약 당신이 전적으로 남들에게 관심을 가진다면, 그들이 평안을 느끼도록 해준다면, 당신은 그만큼 더 자의식을 덜 느끼게 될 것이다.

심리학자인 앨프레드 애들러 박사는 만일 우리가 보름 동안 날이면 날마다 어떻게 하면 남을 도울 수 있을까를 생각한다면, 우리에게 생기는 어떠한 절망감도 치료될 수 있을 거라고 말했다.
 데이비드 둔(David Dunn)은 그의 훌륭한 저서 《당신 자신을 주려고 노력하라》를 통해서, 우리가 타인에게 어떻게 도움과 격려를 줄 수 있는지를 간단하고 알기 쉽게 말해 주고 있다.
 만일 우리가 타인에게 성실한 관심을 가진다면, 우리는 우리 자신들에 대해서 부정적으로 생각할 겨를도 없을 것이다.

자기의 행동과 행위에 책임을 져라

 몇 년 전, 어느 토요일 오후에 아내와 나는 댈러스에 있는 아름다운 골프장에서 골프를 하기로 했다. 골프장 코스는 토요일마다 다른 시에서 오는 사람들뿐만 아니라 그 지방의 많은 사람들을 매혹시켰기 때문에 무척 붐볐다. 그래서 우리는 몇 분 동안 기다려야 했다.
 우리 앞에 있는 4인조는 두 커플이었다. 젊은 남자 중 한 사람이 구좌 박스 위에 올라가 제1구를 칠 준비를 하고 있었다. 아내와 나는 이륜 짐마차 위에 앉아 있었기 때문에 그 젊은이를 보지 않을 수가 없었다.
 그는 서른 살 정도 되어 보였고 키는 1m 90cm, 몸무게는 100kg 정도쯤 되는 것 같았다. 그는 볼을 치려고 했는데, 그 모양을 보니 분명히 정통 골퍼가 아닌 것 같았다. 자세가 매우 불안해 보였고 정석이 아닌 방법으로 공을 칠 자세를 취하고 있었다. 그는 골프채를 들어 올려서 흔들다가 내려놓는 동작을 몇 번이나 반복했고, 그 과정은 영원히 계속될 것 같았다.
 마침내 나는 그가 골퍼가 분명히 아니라는 생각으로 투덜거렸다. 아내는 어떻게 그것을 아느냐고 나지막하게 물었다. 나는 오랫

동안 골프 게임을 해왔고, 많은 골프 선수들을 지켜 보았기 때문에 그가 골프 선수가 아니라는 것쯤은 알 수 있다고 대답했다.

그런데 그 젊은 남자는 골프채를 계속해서 흔들다가 올렸다 내렸다를 반복했다. 마침내 그는 골프채를 뒤로 당겨 볼을 쳤다. 볼은 약 219m를 날아서 정확히 한가운데로 떨어졌다. 그는 분명 매우 뛰어난 골퍼임이 판명된 셈이다! 젊은이는 볼을 친 후에 그의 경마차로 가서 골프채를 가방에 넣고 나에게 곧장 걸어왔다. 그는 웃지도 않고 찡그리지도 않았다. 나에게 가까이 다가왔을 때 그는 말을 건넸다.

"지글러 씨! 나는 당신이 하는 말을 들었습니다."

(이제, 나는 당신이 잠깐 동안 나와 함께 생각해 주길 원한다. 당신이 만약 내 입장이었다면 어떤 생각이 들었겠는가? 그리고 무엇을 했겠는가? 나는 걱정이 되면서 실망스런 행동은 하지 않으려고 했다. 그런데 다행스럽게도 젊은이는 다음과 같이 말을 계속했다.)

"……당신이 3년 전에 제 고향에서 강의하셨을 때, 그것은 내 인생을 완전히 바꿔 버렸습니다. 지글러 씨, 내가 이렇게 당신과 같은 골프 코스에 있다는 것을 얼마나 영광스럽게 생각하는지 당신이 알아주었으면 합니다."

나는 깊은 안도의 숨을 내쉬며 그 젊은이에게 깊이 감사했고, 예상치도 않던 사건의 반전이 고마웠다. 그래서, 나는 그날 다른 사람들을 보거나 대할 때 훨씬 주의를 기울여 신중한 태도를 취하리라 결심했다.

나는 종종 그 젊은이가 나의 냉정하고 불친절한 말을 들었고, 그리고 나도 그에 대해서 잘못된 판단을 계속하고 있었더라면 얼마나 끔찍했을까, 하고 생각하곤 했다. 나의 그런 부정적인 생각은 틀림없이 그 젊은이에게 영향을 미쳤을 것이며 나에 대한 그의 평가도 형편없었을 것이다. 그뿐만 아니라 실제로 내가 그의 미래에 동기부여적이고 교훈적인 영향을 미친다는 것은 불가능에 가까웠을 것이다.

관리자나 리더로서 피할 수 없는 일 중의 하나는 사람들이 우리를 볼 때 리더십을 발휘하는 위치에 있을 만한 자격이 있는 경영자라고 느끼도록 해야 한다는 것이다. 사람들은 우리가 그들을 어떻게 보는가, 어떻게 느끼는가, 어떻게 대하는가 하는 방법에 따라 우리를 평가하고 우리를 대한다. 관리자가 그들의 그룹이나 회사의 사람들에게 모범적인 역할을 수행하고, 좋은 점을 발견하며 최상의 것을 기대해야 하는 이유는 바로 이 때문이다.

사람들이 관리자에게 호감을 갖는 것은 중요하다. 사람들이 관리자를 존경하는 것은 결정적으로 중요하다. 만약에 사람들이 관리자를 좋아하지도 존경하지도 않는다면, 또 우리가 사람들에게 젊은 골퍼에게 그랬던 것처럼 힐뜬고 비판적이며 불친절하고 진실되지 않은 눈으로 바라본다면 그것은 너무나 어려운 일이 된다.

오해하지 말라! 우리들 각자는 ── 그 젊은이를 포함해서 ── 그 자신의 행동과 행위에 대한 책임이 있다. 재고의 여지도 없이 물론 나는 그가 한 행위에 대한 책임은 없다. 그렇지만 그에게 정당하고 정직하며 객관적으로 정확하게 대해야 하는 책임이 있다. 관리자로서 조직 내에서 당신이 당신의 사람들을 책임지지는 않지만 당신의 사람들을 대하는 데는 책임이 있다.

정직＋예의＝충성

최고의 실적자들은 그들과 함께 호흡하고 일하는 자들에게 충성을 바친다.

'나는 할 수 있다!'는 철학을 가진 메이미 매컬로우는 다음과 같이 말했다.

"최후의 심판일이 되면 어떤 일들이 벌어질까요? 당사자가 없는 자리에서 남을 비난하는 사람들에게 이렇게 명령할 것 같아요. 당사자를 앞에 놔두고 그 비난을 반복해 보라고요. 물론 제 상상일 뿐이지만 말이에요."

남들에 대해 이러쿵저러쿵 떠들고 싶을 때는 한번쯤 상기해 볼 만한 말이 있다. 당신은 어린 시절부터 귀가 아프도록 들어왔을 것이다.

"아름다운 말, 멋진 말이 아니라면 입에 담지 말라!"

매사추세츠 주의 보스턴에 있는 포룸사에서는 5개 업종 11개의 회사에 속하는 341명의 세일즈맨을 대상으로 조사연구한 적이 있다. 이 그룹 중 173명은 최고의 세일즈맨들이었고, 나머지 168명은 보통의 세일즈맨들이었다.

이 두 그룹의 주된 차이점은 그들의 지식, 기술 또는 능력에 있지 않았다. 173명의 세일즈맨들이 더 생산적이라는 차이점뿐이었다. 왜냐하면 그들의 고객들은 그들을 신뢰하고 있었기 때문이었다. 실제로 고객들은 정직한 세일즈맨들을 신뢰한다.

고객들은 그들에게 말해 주는 것이나 보여 주는 것을 사는 것이 아니라는 사실을 그들은 알고 있다. 믿는 바를 고객들에게 말해 주고 보여 주어야 한다. 그래야만 고객들은 마음을 움직인다. 이러한 원리는 당신의 관리 아래에 있는 사람들을 지도할 때에도 똑같이 적용될 수 있다. 그들은 당신이 믿는 바를 말해 주거나 보여 줄 때에만 움직인다! 그래야만 그들은 당신의 리더십을 따르거나 어떤 일에 열성을 보여 줄 것이다. 신용과 믿음이 없는 상태에서 100%

마음을 쏟을 사람은 아무도 없다.
 사람들을 관리하는 데에도 이런 원리가 철저하게 적용된다. 신용과 정직은 현금이나 마찬가지라는 것을 항상 잊지 말라. 최고의 실적자들은 정직과 신용이 무엇보다 중요하다는 사실을 마음 깊이 알고 있는 사람들이다.
 포룸 보고서에 의하면, 슈퍼세일즈맨들의 두번째 특징은 우리가 익히 잘 알고 있는 예절이다. 이 슈퍼세일즈맨들은 우리가 경영자나 관리를 만나듯이 교환수나 사무직원들에게도 예절 바르게 대한다는 것이 밝혀졌다. 그들은 회사의 사장을 대하듯이 발송요원이나 봉사요원도 명랑하게 대해 준다.
 이유는 간단하다. 많은 사람들의 협조가 없이는 대량의 주문생산도 있을 수 없기 때문이다. 만일 세일즈맨들이 받아 온 주문이 발송도, 서비스도 되지 않고 대금도 입금되지 않는다면, 장차의 판매는 고전을 면치 못하게 된다. 그렇기 때문에 슈퍼세일즈맨들은 고객에게 주문을 받는 것만으로는 판매가 완결된 것이 아니라는 사실을 잘 알고 있다. 이런 이유 때문에 그들은 사무실에 있는 모든 팀의 협조, 노력 그리고 선의가 필요하다는 것을 잘 알고 있다. 회사든, 가정이든, 두 사람 이상이 모인 조직에는 항상 서로 다른 의견과 갈등이 있을 수가 있다. 누가 무엇을 해야 할지를 분간하기가 어려울 때가 많은 것도 사실이다.
 하지만 어떤 조직에서든 정직과 신용은 필수적이다. 우리가 회사나 가정에서 "그것은 내 일이 아니에요!"라는 말을 하지만, 최고의 실적자들은 그들과 함께 일하고 사는 사람들에게 충성한다. 그들은 자기들이 할 일은 자신들이 충성스러운 사람임을 보여 주는 것이다라는 사실을 알고 있다.
 그들은 지원이 필요하다고 생각하면 적극적으로 지원한다. 그리고 다른 동료들에 대해서 부정적인 말이나 불친절한 말은 결코 하지 않는다. 남들에게 아름답지 못한 말을 하는 것은 곧 자신의 신용을 잃는 일임을 그들은 잘 알고 있다.

최고의 실적자들은 또 스스로 원해서 일하는 습성이 있다. 그들이 자발적으로 하려고 애쓰는 이유는, 그들의 부서나 회사가 성공한다는 것은 곧 자신들의 승진이 더 많이 보장되는 일임을 잘 알고 있기 때문이다.

부르케 마케팅연구소에서는 1,000개 사의 대기업을 대상으로 100명의 간부들에게 설문조사를 한 바 있다.

'사원들의 행위 중에서 가장 싫어하는 것은 무엇인가?'

간부들이 싫어하는 사원들의 일곱 가지 행위는 거짓말, 허세, 이기심, 게으름, 반항, 공상, 방심이라는 사실이 밝혀졌다. 그 중에서도 가장 싫어하는 행위는 부정직과 거짓말이었다.

어카운템프스사의 부사장인 실버트는 이렇게 말했다.

"아무리 기술과 경험이 풍부하다고 해도 정직성이 결여된 종업원을 환영하는 회사는 없다. 정직성이 결여되어 있다면, 모든 기술과 경험은 무의미한 것이 되고 만다."

우리와 함께 호흡하고 함께 일하는 사람들에게 충성을 바치는 것, 이것은 최고의 실적을 올리기 위한 필수조건이다.

조직에 적극적으로 충성하라

조직에 충성하라는 말이 상부로부터 내려오는 모든 생각을 받아들여야 한다는 의미는 아니다. 운영구조가 회사 쪽에는 더 유리하게, 개인에게는 더 불리하게 바뀌었을 때, 당신이 기뻐서 날뛸 것이라고 기대하는 사람은 아무도 없다.

일하는 시간이 바뀌어서 보다 많은 시간을 일하고 월급은 여전하다고 할 때 경영주에게 감사하리라고 기대할 수 없다. 조직에 대해 충성하라는 것은 이러한 악화 일로의 상황을 적절한 방법으로 처리하는 것을 의미한다.

'소극적인 태도로 관망할 뿐' 상황을 처리하지 않는 경우를 들어보자. 그런 사람은 상황을 바꿀 만한 지위에 있지도 않은 동료와 커피를 마실 뿐 그 상황에 대해 아무런 불만도 털어놓지 않는다. 그는 조직 바깥에 있는 누군가에게 그 내적인 문제를 외적으로 공식화해 나타내지 않는다.

이런 식의 두 가지 접근법을 가진 사람은 조직의 암적 존재이다. 알다시피 암은 몸 안에 있는 다른 세포와는 별개로 몸에 붙어 사는 악성종양이다. 만약에 제거하지 않는다면 결국은 죽음에 이르게 된다. 이보다 더 전체 조직에 치명적인 영향을 미치는 질병은 없다.

그러므로 이런 사람은 진심으로 충성을 보이기보다는 주위의 시선을 끌지 않으면서 그저 회사에 몰래몰래 다가갈 것이다. 나는 앞에서 '정당한 절차'가 매우 중요하다는 사실을 언급했다. 그러나 정당한 절차 없이 해고되었다면 그것은 충성심의 부족 때문일 것이다.

그렇다면 충실한 사원이라면 상황에 어떻게 대처해야만 하는가? 당신이 관심을 가지고 있는 어떤 상황에 대응하는 적절한 방법은 그 문제를 조정할 만한 권위가 있는 사람에게 '문제를 확실히 인식하도록' 하는 것이다. 회사가 고려할 만한 몇 가지 '잠재적 문제해결 방안'을 제시하라! 회사가 당신의 건의에 만족할 만한 조처를 취했다면, 당신은 주위의 축하를 받을 것이고, 조직은 보다 더 강력해질 것이다.

그러나 시간이 꽤 지난 후에도 회사가 상황을 바꾸는 조처를 취하지 않는다면 이제는 두 가지 선택방법만 남아 있다.

(1) 입을 다물든지, 아니면 (2) 계속해 나가든지. 다른 선택의 여지는 없다!

만약 당신이 어떤 행동도 취하지 않으면서 계속해서 문제거리만 명시한다면, 암은 계속 자라나는 꼴이다. 행동을 취하지 않으면서 계속 문제거리만 명시한다는 것은 당신의 머리로 벽돌로 된 벽을 자꾸 들이받는 격이다.

나는 종종 그런 식으로 발생한 궤양, 심한 두통, 신경쇠약, 스트레스, 심지어는 심장병까지 있다는 것을 안다.

데이비드 슈왈츠(David Schwartz) 박사는 그의 저서 《크게 생각함의 마력(The Magic of Thinking Big)》에서 병실의 80%는 정신적으로 병을 얻은 사람으로 가득 차 있다고 한다. 이것은 사람들이 아프지 않다는 것을 의미하는 것은 아니다. 그들의 병이 마음에서 시작되었다는 것이다.

당신이 일어나고 있는 문제거리를 묵과하거나 다른 직장을 찾는다면, 당신의 조직뿐만 아니라 자기 자신에게도 빚을 지는 꼴이 된다. 그렇다면 당신은 직장이 그렇게 쉽게 얻어지는 것이냐고 말하는지도 모른다. 나도 그 말에는 동의한다. 직장을 그렇게 쉽게 얻는 사람은 아무도 없다.

해답은 간단하지만 쉽지는 않다. 문제 해법에 적극적으로 달려들어라! 또는 적극적으로 달려들 수 있는 문제 해법을 찾아라!

어떤 동전에도 양면이 있다

회사에 대한 충성은 중요한 것이다. 그러나 동전의 다른 면인 경영진과 회사도 자신들이 고용하고 있는 사람들에게 충성해야 할 책임이 있다.

로스 페롯(Ross Perot)과 EDS사의 일화는 여기에 대한 좋은 사례가 된다. 이 이야기는 미국의 대표적인 성공담 중 하나이다.

1958년 한 젊은이가 1950년도산 리머스 자동차를 타고 텍사스 주의 댈러스로 가는 도로를 달리고 있었다. 그의 전 재산이 자동차 뒷좌석에 실려 있었고, 아내와 아기가 앞좌석에 타고 있었다. 그 당시 그는 IBM의 최고 간부였다. 그러던 그가 컴퓨터 사업에 관한 색다른 아이디어를 떠올리고 자기 회사를 만들기로 결심한 것이다. 오늘날에는 미국에서 로스 페롯과 EDS사를 모르는 이는 없을 것이다. 그러나 로스 페롯이 처음 사업을 시작했을 때는 가족들과 친구들의 돈을 모아서 시작했기 때문에 보잘것 없었다. 어쨌든 오늘날에 와서는 EDS사가 컴퓨터 시대를 여는 데에 지대한 공헌을 했다는 것을 부인할 사람은 없다. 1985년 EDS사는 제너럴 모터스사에 30억 달러 이상의 가격으로 팔리게 되었다. 컴퓨터 회사이긴 했지만 EDS사는 매우 '인간적인' 회사였다. 이 회사의 경영진이 강조했던 것은 국가와 가정에 대한 충성, 기업윤리, 동료에 대한 책임감 등이었다. 그런 덕목들을 기술보다도 더 중요시했다. 이 회사가 내건 모토는 '완전한 사람만이 완전한 회사를 만들 수 있다'는 것이었다.

EDS사를 제너럴 모터스에 팔아넘긴 로스 페롯은 세계에서도 손꼽히는 부자가 되었다. 그러나 이 사실이 중요한 것은 아니다.

중요한 것은, 우리가 최고의 실적자가 되기 위해서는 그가 어떻게 해서 그렇게 성공적인 사람이 되었는지를 이해하는 데 있다. 다음에 나오는 이야기가 그것을 설명해 준다.

당신은 얼마나 충성할 수 있는가?

1979년 이란에 있는 미국 대사관이 공격을 당했을 때의 일이다. 로스 페롯은 결단력이 있는 사람이며 행동하는 인간이었다. 종업원들에게는 충성심이 강한 사람으로 잘 알려져 있었다. 그는 자기 회사의 사람들을 몸과 마음을 다해서 지원했고, 종업원들도 그에게 충성을 아끼지 않았다. 그런 그로서는 감옥에 갇히게 된 두 명의 간부들을 위해 어떤 대책을 세우지 않으면 안 되었다.

간부들이 얼마나 오랫동안 감옥에 갇혀 있게 될지는 아무도 모르는 일이었다. 사태가 악화되면 그들의 생명도 어찌될지 장담할 수가 없었다. 그는 미국에 있는 간부들과 긴급회의를 열었다. 그들은 마침내 간부 두 명을 탈출시키기로 결정했다. 그들의 비상계획은 빈틈이 없었다. 그들의 이야기는 켄 폴렛(Ken Follett)이 쓴 《독수리의 날개로(On Wings of Eagles)》속에 잘 나타나 있다.

그 책을 꼭 읽어 보기를 권한다. 로스 페롯은 간부 두 사람을 구출하기 위한 캠페인을 벌이는 한편, 충성스러운 부하들로 특공대를 조직하여 감옥에 갇힌 간부 두 명을 무사히 구출했다. 이렇게까지 된 마당에서도 그에게 충성하지 않을 사람이 있으리라고 생각하는가? 이 이야기에는 우리의 가슴을 찌르는 무엇인가가 있다. 우리에게도 로스 페롯처럼 결단을 내려야 할 순간이 오지 않으리라는 보장은 없다.

그러나 그런 위기의 순간 말고도, 충성할 수 있는 기회는 언제나 주어져 있다. 오늘도 내일도 매일같이 주어지고 있다.

충성에 대한 조언 한 가지

이 장을 열 때 앨버트 후바드의 말을 인용하며 시작한 것처럼, 이제 그의 현명한 조언을 다시 인용함으로써 이 장을 끝맺으려 한다. 앨버트 후바드는 말했다.

만일 당신이 어떤 사람을 위해 일하고 있다면, 하나님의 이름으로 그를 위해 일하라! 만일 그가 빵과 버터를 살 수 있는 돈을 준다면, 그를 위해 일하라! 그에 대해서 좋게 말하라. 그의 편이 되어라. 그의 조직의 편에 서라. 1온스의 충성은 1파운드의 영리함만큼이나 가치가 있다.

만일 당신이 그를 싫어하거나 저주하거나 증오한다면 당장 사퇴하라! 사퇴한다면 당신은 당신의 마음대로 행동할 수가 있다. 그러나 당신이 조직에 속해 있는 한, 그 조직을 저주해서는 안 된다. 만일 당신이 조직에 대해 저주를 멈추지 않는다면, 조직에 맨 첫번째로 불어오는 강풍에 당신은 뿌리가 뽑혀 날아가 버리게 될 것이다. 그래도 당신은 당신이 왜 그 조직에서 밀려났는지 그 이유를 모를 수도 있다.

□ 인간 경영의 원칙

1. 충성은 자기 자신에 대한 것에서부터 시작하라.
2. 당신 자신에 대해서 당신이 생각하는 것과 다른 방향의 것을 성취할 수는 없다.
3. 완벽함의 가장 큰 적은 방심이다.
4. 가치있는 말이 아니라면 입을 다무는 편이 더 낫다.
5. 당신의 조직을 지원하라.

제 6 장 사람들의 관심거리를 알라

> 사람이 사람을 배우는 것은 눈이나 지능을 통해서가 아니라 가슴을 통해서이다.
>
> —마크 트웨인

마치 호응을 얻지 못하는 강사처럼 사람들은 관리자로서, "뭔가가 통하지 않고 있다"고 말할 때가 종종 있다.

윌리엄 셰익스피어는 다음과 같이 말했다.

"비록 의견이 일치되지 않을 때가 있긴 하지만, 어쨌든 친구들과 함께 있는 것은 좋은 일이다."

관리자들과 그의 종업원들은 직장에서 적대관계를 더욱 더 심화시키는 때가 없지 않다. 하지만 우리는 세 명의 깡패 같은 큰 아이들을 만난 어린 소년처럼 처신해야 할 때가 있다.

어린 소년은 힘이 없었기 때문에 세 명의 큰 아이들과 싸울 수가 없었다. 그러나 모든 성공적인 관리자들이 그런 것처럼, 소년에게는 생각할 수 있는 힘은 있었다. 이런 경우, 그 소년의 안전은 생각하기에 달린 것이다.

그래서 어린 소년은 신고 있는 구두로 땅에다 선을 그어 놓고 선언했다. 세 명의 큰 애들 중 우두머리로 여겨지는 아이의 눈을 똑바로 쳐다보면서 분명하게 말했다.

"이 선을 넘어서는 안 돼."

그러나 당신도 알다시피, 세 명의 아이들은 의기양양하게 선을 넘을 것이다. 그러면 어린 소년은 활짝 웃으면서 말할 것이다.

"이제 우리는 한편이 된 거야."

사람들을 성공적으로 관리하기 위해서는 우리도 소년처럼 행세할 필요가 있다. 관리자와 관리자가 부리는 사람들은 한편이 되어야 하는 것이다.

에드먼드 힐러리 경과 원주민 가이드 텐징이 1953년 세계 최초로 에베레스트 산을 정복했다는 사실을 당신도 알고 있을 것이다. 정상에서 내려오던 중 힐러리 경은 실족하게 된다. 그러자 텐징이 즉시 그를 구했다. 그러나 텐징은 힐러리 경의 생명을 구한 사실을 부인했다. 그는 단지 자신이 할 일을 했을 뿐이라고 말했다. 그는 이렇게 말했다.

"등산가들은 항상 서로를 돕는다. 무엇이 별다른 일이란 말인가?"

관리자들도 이와 다를 바가 없다. 우리의 책임은 부하들이 그들의 힘과 기술, 그리고 재능을 최대로 사용하도록 돕는 것이라고 생각하지 않는가?

당신이 지닌 억만 달러의 재산

나는 당신이 최고의 실적자가 되기를 바란다. 만일 당신이 사람을 다루는 전문가가 되기를 바란다면(실제로 당신의 성공은 85%가 사람을 다루는 일에 달려 있다), 이 말을 명심하기 바란다.

제6장 사람들의 관심거리를 알라

사람들은 당신이 얼마나 많이 알고 있는지에 대해서는 관심이 없다. 사람들은 당신이 얼마나 그들을 보살펴 주는지에 대해서만 관심이 있다.

만일 당신이 과거에 이 말을 들은 적이 있다면, 당신은 그만큼 더 위대한 관리자가 되어 있을 것이다. 그렇다면 나는 더 이상 그 말의 중요성을 강조할 필요는 없다. 그러나 이 말을 다시 한 번 상기하는 것이 당신에게 해롭지는 않을 것이다.

당신도 알다시피, 부모이든, 형제자매이든, 아이들이든, 배우자이든, 그리고 친구들이든, 동료이든, 종업원이든, 고용주이든, 사람들은 당신이 MIT공대의 수석 졸업자인지에 대해서는 관심이 없다. 그들은 당신이 하버드 대학에서 철학박사 학위를 받은 것에 대해서는 관심이 없다. 그들은 당신이 어떤 분야에서 20년간의 경험이 있다는 사실에 대해서도 관심이 없다(아니면 1년간의 경험을 20년간 반복했다는 사실에 대해서도 관심이 없을 것이다).

그들은 당신이 당신의 부서에서 다른 이들보다 물건을 많이 팔았다는 사실에 대해서도 관심이 없다. 또한 당신이 회사의 판매기록을 깬 사실에 대해서도 관심이 없다. 그들은 오직 당신이 그들을 얼마나 많이 보살펴 주는지에 대해서만 관심이 있다.

사람은 누구나 일을 해낼 수 있다. 누구건 자신의 일을 잘 해낼 수 있다. 그러나 당신은 남들이 위대하다는 말을 하도록 당신의 일을 해낼 필요가 있다! 사랑은 보살피는 일이다. 가능한 한 당신의 인생, 당신의 모든 것을 바쳐서 보살피는 것이 사랑이다.

사랑이란 어떤 사업을 위해서 공헌하는 것, 투자하는 것, 돕는 것, 충성하는 것이다. 사랑은 최선을 다하는 것이다. 사랑은 자신이나 남들이 생각했던 것보다 더 많은 일을 해내는 것이다.

사랑은 자신의 잠재력을 최대한 발휘하여 완전한 성공을 거두도록 동기를 부여하는 것이다. 그것만이 아니다. 사랑은 남들에게 영감을 불어넣어 주는 것이다.

여러 해 전, 나는 다음과 같은 이야기를 들었다. 조지 크레인 박사가 〈걱정 병원(The Worry Clinic)〉이라는 제목으로 매일 신문에 싣는 칼럼에서였다. 당신에게도 크나큰 도움이 될 것이라고 생각하여 여기 소개한다.

열 살 난 지미는 여섯 살 난 어린 여동생을 잘 보살펴 주는 아이였다. 웨슬레 병원에서 근무하는 어느 늙은 의사가 나에게 이 이야기를 들려 주었다. 이것은 1910년에 일어난 일이다. 당시에는 수혈이라는 것이 보편화되지 않았고, 다른 의학적인 기적들도 찾아보기 어려운 시절이었다.

지미의 여동생은 자전거를 타다가 넘어져 다리의 중추신경을 심하게 다쳤다. 피도 많이 흘렸다. 의사가 집에 도착했을 무렵, 그 아이는 혼수상태로 빠져들고 있었다.

의사는 신속하게 응급조치를 했다. 그러나 그녀의 심장의 박동은 차츰 희미해지고 있었다. 절망을 느끼던 의사가 지미를 향해 말했다.

"지미야, 여동생의 생명을 구하려면 네 피가 좀 필요하단다. 네 피를 좀 줄 수 있겠니?"

지미는 숨을 깊이 들이쉰 후에 머리를 끄덕거렸다. 의사는 지미를 식탁 위에 눕히고 혈관에서 피를 뽑았다. 그리고는 어린 소녀의 혈관에 즉시 수혈을 했다.

의사와 가족들은 걱정하고 기도하면서 어린 소녀를 지켜 보았다. 30분쯤 흘러갔다. 의사는 수시로 소녀의 가슴에 청진기

제6장 사람들의 관심거리를 알라 149

를 대고 심장의 박동상태를 점검했다. 소녀는 위기를 넘기고 있었다. 의사는 이마에 흘러내리는 땀을 훔쳐냈다. 그리고는 주위를 둘러보았다. 지미가 긴장 때문인지 몸을 떨면서 아직도 식탁 위에 누워 있었다.
의사가 물었다.
"지미야, 왜 그러니?"
주먹을 쥐고 있던 지미가 의사에게 말했다.
"나는 언제 죽게 되나요?"
의사는 그제서야 지미가 오해를 하고 있다는 것을 알았다. 피를 좀 줄 수 있는지를 물었으나, 지미는 그 말을 자신의 모든 피가 필요한 것으로 생각하고 있었던 것이다. 자신의 모든 피를 다 빼내 주었기 때문에 자신은 머지않아 죽게 된다고 생각하고 있었다. 그래서 식탁 위에 꼼짝 않고 누워 있었던 것이다!
의사는 지미에게 피를 아주 적게 뽑았을 뿐이기 때문에 죽지 않는다는 것을 설명해 주었다. 그 사실을 확신시키면서 의사는 눈물을 감추지 못했다. 오빠의 아름다운 마음에 감동한 것이었다.

이 이야기는 우리 인간의 마음 속에는 하나님이 부여하신 거룩한 사랑의 불꽃이 자리하고 있음을 보여 준다. 지미가 자기 여동생을 살리기 위해 스스로 죽기를 결심한 그런 희생정신을 가져야만 하나님이 부여하신 그 거룩한 불꽃은 빛을 발할 것이다. 이 이야기는 그것을 절감하게 한다.
오늘날 우리 사회에서는 희생하는 모습을 찾아보기가 그리 쉽지 않다. 자신의 일부를 나누어 주는 그런 광경을 구경하기란 그리 쉽지가 않다.

한번 생각해 보자. 하루의 일과가 끝난 후 당신의 배우자가 당신에게 말을 걸어온다. 당신의 관심을 끌지 못할 그런 재미없는 말을 할 때, 당신은 어떻게 하는가? 배우자의 말을 경청하는가, 아니면 무시하는가?

당신은 자신이 사랑하는 사람을 위해 자기 인생의 일부를 나누어 주고 있는가? 당신 몫의 일부를 포기하고 있는가?

만일 당신이 사람을 다루는 그런 직위에 있다면, 당신은 집에 돌아와서 단 몇 분간이라도 저녁 뉴스나 석간신문을 들여다보면서 평안하고 조용한 휴식을 취하기를 원할 것이다. 그러나 당신이 좀 쉬기 위해서 자리를 잡고 앉아 있는데, 당신의 사랑스러운 아이들이 당신에게로 다가든다. 마치 당신이 밀림 속의 거목이라도 되는 것처럼 당신을 기어오르려고 한다.

이런 경우, 당신이 그들에게 사랑을 주고 그들의 말을 경청하기 위해서 텔레비전을 끄거나 읽던 신문을 내려놓는다면, 그것은 당신이 자신의 인생 중 일부를 그들의 인생을 위해서 투자하는 것이다. 당신 자신의 일부를 포기하는 것이다.

몹시 피곤한 날이라고 해도, 당신의 부하직원 한 사람이 당신과 상담하기를 원한다면, 당신은 시간을 내어 그의 말을 경청하는가? 그를 위해서 당신 자신의 일부를 포기하는가? 만일 당신이 사람을 다루는 사업에서 전문가가 되기를 바란다면, 이 장의 요점을 읽도록 하라. 날마다 그것을 명심하고 그것대로 살도록 하라.

□ 인간 경영의 원칙

1. 관리자는 그들이 부리는 사람들과 한편이 되어야 한다. 한편이 되지 않고서는 팀워크를 발휘할 수가 없기 때문이다.
2. 사람들은 당신이 얼마나 많이 알고 있는지에 대해서는 관심이 없다. 당신이 그들을 얼마나 많이 보살펴 주는지에 대해서만 관심이 있다.
3. 관리자는 자기의 인생 중 일부를 그들이 부리는 사람을 위해서 투자해야 한다.

제 2 부

최고 실적의 과학

제 7 장 의사소통은 잘 되는가

> 과거 어느 때보다도 오늘날에는 의사소통의 정확함이 요구된다. 거짓된 말이나 오해의 말은 몰지각한 행동과 마찬가지로 재난을 초래한다.
>
> ―제임스 더버

　관리자라면 누구나 커뮤니케이션의 중요성에 대해서 듣고 있다. 그럼에도 불구하고 우리들은 그것이 얼마나 중요한 것인지 끊임없이 상기할 필요가 있다고 생각한다.
　여기에서는 효과적인 의사소통을 위해서 몇 가지 제안을 하고자 한다. 어쨌든 잘못된 의사소통, 보잘것 없는 커뮤니케이션 또는 커뮤니케이션의 부재는 큰 문제를 야기할 수도 있다는 사실을 명심해야 할 것이다.
　예를 들어 캘리포니아 주의원 엘리스터 맥엘리스터가 소개한 법안에 대해 입법적인 요점을 살펴보자.
　"현재의 유언 검증 법안은 명확히 실효성이 없는 어떤 상황에서도 각 조항의 분리가 되지 않고 있다. 단수는 복수를 포함하는 것이며 복수는 단수를 포함한다. 현재는 과거를 포함하는 것이며 미래는 현재를 포함하는 것이다. 규약에 대한 구체적인 언급 없이 조항 내의 어떤 부분을 명시하는 것은 유언 검증 법안의 모호한 부분을 만들어낸다. 그러므로 유언 검증의 의안은 각각의 구체적 조항을 만들어야 할 것이다."

그렇다. 이것은 극단적인 예이지만 그것이 잘못된 커뮤니케이션일 때, 모든 커뮤니케이션이 극단적이 되어 버리지 않는가?

이 장에서는 효과적인 커뮤니케이션을 극대화하기 위해서 대중화술이나 대중의 모임과 같은 구체적인 상황을 보다 면밀히 살펴보고, 보다 나은 커뮤니케이션을 위한 몇 가지 규칙과 커뮤니케이션을 방해하는 몇 가지 문제들을 깊이 생각해 보자.

《하버드 비즈니스 리뷰(Harvard Business Review)》지에 의하면 간부, 관리자, 세일즈맨을 발전시키는 가장 큰 요소는 의사소통의 능력이라고 한다.

세계적으로 유명한 목사요 작가인 알렌 로이 맥기니스(Alan Loy McGinnis)는 그의 유명한 책 《사람들에게서 그들의 최선을 끌어내라》를 통해서 다음과 같이 말하고 있다.

동기부여자들은 사람들의 지원을 받기 원할 때면 자신들의 꿈을 간단명료한 말로 펼쳐 보인다. 린던 존슨, 윈스턴 처칠, 리 아이아코카와 같은 유명한 지도자들은 한 가지 공통점을 가지고 있으니, 그것은 유창하게 말하는 능력이다. 그들은 물론 약간의 부끄러움을 느끼곤 한다. 그러나 말을 해야 할 때가 되면, 그들은 하고자 하는 말을 남들에게 정확하게 전달한다.

세계적으로 유명한 소설가요 평론가인 영국의 올더스 헉슬리는 이렇게 말했다.

"활기 넘치게 말하는 사람은 듣는 이들에게 열정을 안겨 준다. 강력한 호소력이란 그 말의 합리성이나 동기의 순수함 때문이 아니라 선전 전문가의 말하는 기술 때문인 경우가 많다."

말이란 강력한 힘을 지닌 도구이다. 프랭클린 루스벨트의 성공은 명구를 만들어내는 그의 능력과 자신의 꿈을 요약적으로 대변하는 표어를 잘 만들어낸 데 근거한 것이다. 그가 만들어낸 표어들은 이미 우리 생활의 일부가 되었다. 간디와 마틴 루터 킹 목사도 역시 말의 위력을 잘 알고 있는 사람들이었다.

우리들 중 대부분은 남의 말을 잠자코 듣기만 했다가 자신이 하고 싶은 말을 꺼내 보기도 전에 설득당하는 경험을 수백 번도 더 겪었을 것이다.

많은 사람들에게 당신의 메시지를 전하고 싶다면 당신이 팔 아이디어를 간결하게 정리하여 잠재고객들에게 들려 주어라. 그것이 수많은 불특정의 사람들에게 당신의 메시지를 전하는 것보다 더 효과적일 수가 있다.

잡담이란 천한 것이다. 당신이 말을 아껴가며 꼭 필요한 말만을 골라가며 한다면 사람들은 당신의 상품을 사지 않을 수가 없을 것이다.

그럼에도 불구하고 우리는 잘못된 의사소통으로 인해 슬픔과 절망이 초래되는 것을 매일같이 직장에서나 가정에서 목격하게 된다. 다음은 잘못된 의사소통으로 인해 발생한 쓰디쓴 실화이다.

어느 노부부가 금혼식을 갖게 되었다. 자식들, 손자들, 증손자들, 그리고 마을사람들이 그들의 금혼식에 참석하여 그들 부부를 축하해 주었다. 읍장이 와서 행운의 열쇠를 선물했고 컨츄리클럽에서는 점심을 제공했다. 오후에는 차 마시는 시간을 가졌고 저녁에는 만찬회가 있었다. 마을사람들과 유지들이 그들의 금혼을 대대적으로 축하해 주었다. 밤 10시가 되어서야 공식적인 축하 파티가 모두 끝났다. 언제나 늘 해오던 대로 남편은 부엌으로 갔다. 빵에다 잼을 바르고 우유도 조금 준비했다. 잠자리에 들기 전 아내와 함께 늘 즐기던 음식이었다.

남편은 아내를 불러 부엌으로 오라고 했다. 아내는 부엌으로 건너와 식탁에 앉더니 곧 눈물을 쏟기 시작했다. 남편은 자리에서 일어나 아내에게로 가서 아내를 포옹하며 도대체 어찌 된 영문이냐고 물었다.

그녀는 눈물을 글썽거리면서 고백했다.

"이런 특별한 날에, 왜 항상 그랬던 것처럼 맛없는 부분의 빵 조각을 내게 주는 거예요."

남편은 언제나 빵의 끝쪽을 아내에게 잘라 주곤 했었다. 이 말을 들은 남편은 충격과 놀라움을 금치 못하면서 말했다.

"여보! 난 정말 그런 줄도 몰랐소. 난 내가 가장 맛있다고 생각하는 쪽을 당신에게 주었소. 난 당신이 그걸 알고 있는 줄 알았소."

웃어 넘기기에는 너무도 심각한 이야기가 아닐 수가 없다. 남편은 아내에게 '가장 좋은 것'을 주었다. 그런데도 아내는 그것이 '가장 나쁜 것'이라고 생각했다. 하지만 이런 잘못된 사례는 비단 이 부부의 경우만은 아니다. 누구나 일상생활 속에서 이런 경험을 겪었을 것이다.

무엇이 의사소통을 방해하는가?

앞의 이야기가 말해 주듯이 효과적인 의사소통을 방해하는 한 가지는 확인하지 않고 추측하는 것이다. 남편은 아내에게 가장 좋아하는 부분을 주고 있다고 추측했다. 이런 잘못된 의사소통의 사례가 우리들의 직장생활에서도 심심찮게 생겨난다.

잘못된 의사소통은 생산성을 떨어뜨린다. 때문에 효과적인 의사소통을 위해서는 함부로 추측하지 말고 상대방이 무엇을 바라는지를 확인해야 할 것이다.

대체로 일반 사무실에서는 듣기, 말하기, 사실의 확인, 우편물 처리 등의 방식으로 의사소통이 이루어지고 있다.

의사소통은 상상 외로 어려운 것일 수도 있다. 당신 자신을 남에게 잘 이해시키려면 꾸준한 노력을 기울여야 한다.

예를 들면 가장 많이 사용하는 500개의 영어 단어에는 1만 4,000가지쯤의 서로 다른 의미가 있다. 그러므로 똑같은 단어라도 받아들이기에 따라서는 의미가 달라질 수 있는 여지는 얼마든지 있다.

예를 들어 보자.

"똑같은 차이야! It's the same different!"

"나는 거대한 새우가 좋다. I would like the jumbo shrimp."

"그는 전투적인 재능으로 일했다. He worked with military intelligence."

말의 의미와 용법은 당신의 인생을 복잡하게 할 수 있다. 결혼 생활에 대해 조언을 구하기 위해서 목사를 찾아갔던 여성의 이야기를 보자.

서두를 서로 조금 이야기한 후에 목사는 그녀에게 질문이 있는 데 가능한 한 솔직하게 대답해 준다면 문제해결에 도움이 될 것이라고 말했다. 그녀는 동의했고 목사는 질문을 시작했다.

"당신은 어떤 그라운드(ground : 땅, 불평 따위의 원인)가 있나요?"

"왜요? 우리는 이 도시의 북쪽에 10에이커의 땅이 있는데요."

"아니, 아주머니. 그런 뜻이 아니라 당신은 어떤 그러쥐(grudge : 불만, 원한, 소유물) 같은 게 없느냐 하는 겁니다."

"아, 아니에요. 우리는 작지만 훌륭한 자동차 차고가 있어요!"

"아뇨, 아주머니. 내 말은 그런 뜻이 아니오. 한 번만 더 묻겠소. 당신의 남편이 당신을 때리기도(beat up : 때리다, 놀라게 해서 깨우다) 합니까?"

"놀라게 해서 깨우느냐구요? 오, 아닙니다. 매일 아침 그가 그렇게 하기 전에 스스로 일어나는걸요!"

완전히 격분해서 목사는 그녀에게 말했다.

"아주머니, 당신은 도대체 내 말을 알아듣지 못하는군요. 당신이 남편과 무슨 문제가 있느냐구요."

"글쎄요. 그 사람은 어떻게 대화를 나누어야 하는지 도대체 알지를 못해요!"

의사전달은 최근에 내가 시카고에서 보았던 표지판의 내용처럼 요점이 정확해야만 한다.

'경고! 경비견이 지키고 있음. 살아남은 자는 고발하겠음!'

이제 그런 식의 요점 전달을 의사전달이라 한다.

개, 뜰 또는 그 집의 어떤 부분에 대해서도 알 필요가 없다.

이야기를 효과적으로 전달하려면 우리는 위협적인 어조일 것까지야 없지만, 항상 명확해야 한다.

알기 쉬운 EBC 세미나 방법

지그 지글러사는 경영부문이나 사회 속에서 커뮤니케이션의 문제를 중시해 기업과 개인을 위한 〈효과적인 비즈니스 커뮤니케이션(Effective Business Communication : EBC)〉이라는 세미나를 개발했다. 그 세미나는 정말로 흥미진진한 것이다. 우리 회사 스태프들은 당신 회사의 중간 관리자나 고위간부들이 커뮤니케이션 기술을 보다 효과적으로 습득하도록 하는 데 이틀을 소요하고 있다.

다른 사람들이 당신을 보는 것처럼 당신 자신을 본다는 것은 중요하다. 그래서 참가자들은 수십 번씩 비디오 녹화를 하고 개인학습을 받으면서 12가지 필수적인 커뮤니케이션 기술 교육을 받게 된다.

〈EBC〉코스는 교육시간의 약 30%를 강의하는 데 할애하는 반면, 70%는 각 개인이 실습을 하면서 일터로 돌아가 즉시 이용할 수 있는 기술들을 습득하기 때문에 효과적인 기술 증강을 기대할 수가 있다.

이제 이런 말들은 커뮤니케이션에 대한 광고이기 때문에 상업적으로 들리기 시작할 것이다. 몇 가지 커뮤니케이션 기술의 표본과 당신이 즉시 활용할 수 있는 아이디어를 제시해 보자.

커뮤니케이션의 효과를 아는가?

당신이 어떤 사람을 만났을 때, 당신이 환대를 받게 될지 배척을 받게 될지는 약 4분 동안에 결정난다.

당신은 평생 동안 정보의 85%를 시각으로 수집한다. 7%는 귀로 들어서, 3. 5%는 코로 냄새를 맡아서, 1%는 혀로 맛을 봄으로써 수집한다.

　잠재고객이나 종업원을 만날 때면 상대방이 무엇을 보고 있는지를 주목해 보라! 듣는 사람들에게도 시각적인 자극은 절대적인 영향을 끼친다. 제스처, 바디랭귀지, 얼굴 표정 등은 말 자체보다 더 호소력을 전하는 경우가 많다.

　보통 사람은 1분에 150개의 단어를 말한다. 그러나 보통 사람이 1분 동안에 생각하는 단어는 600개 정도나 된다. 말하는 속도보다 4배나 더 빨리 생각하고 있는 것이다.

　그러므로 효과적인 의사소통을 하기 위해서는 당신의 생각과 말과 몸짓이 듣는 이의 주목을 끌도록 최대한 배려해야 한다.

　사람들이 반응을 보이는 55%의 이유는 신체 표현 때문이고, 38%는 음성 표현 때문이며, 7%는 단어 표현 때문이다. 텔레비전의 영향으로 보통 사람들이 주목하는 시간은 대개 7분에서 11분 정도라고 한다. 이러한 조사결과는 텔레비전의 광고방송에 응용되고 있다. 커뮤니케이터들은 시청자들의 마음속 깊이 새겨진 이러한 조급한 습관을 극복해야만 한다.

훌륭한 12가지 대화 전달의 기술

　12가지 커뮤니케이션 기술 분야를 알면 보다 효과적인 대화 전달자가 될 수 있다. 12가지 분야란 다음과 같다. 외모, 자세, 제스처, 시선 교류, 얼굴 표정, 목소리, 군소리, 끌어들이기, 질문 다루기, 유머, 타인 소개, 시각적 자료.

　외모는 당신의 의상, 당신의 강의방법, 액세서리를 이용하는 방법 등을 포함한다. 당신의 외모는 당신 자신에 대해 말하고 있다. 외모는 당신이 당신 자신에 대해서 어떻게 생각하는지를 다른 사람에게 말해 준다. 당신의 외모는 당신이 전달하고자 하는 내용을 강하게 하는 쪽인가, 약하게 하는 쪽인가? 당신의 외모는 무엇을 말하고 있는가?

자세란 신체 표현(바디랭귀지)을 말한다. 당신의 신체 표현은 신념에 차 있고, 함께 대화하는 상대를 배려하는 쪽인가? 당신은 신체 표현을 통해 편안한 느낌을 주는 편인가, 아니면 이와 반대로 대화하는 편인가?

제스처는 팔과 손의 움직임과 관계가 있는 신체 표현의 구체적인 동작을 말한다. '만약 사람이 손이 묶여 있거나 사용할 수 없다면 대화할 수 없다'는 말을 들어 보았을 것이다. 어느 정도는 이 말도 일리가 있다. 자연스러운 팔과 손의 움직임은 의사 전달자가 그들 자신을 보다 정확하게 표현하도록 해준다.

시선 교류는 악수를 손으로 하는 것처럼 눈으로 한다. 우리가 누군가에게 눈을 '찡긋'해 보인다면 믿음, 용기, 관심 그리고 염려의 긍정적인 표시이거나 지루함, 신경질, 혐오, 반대 또는 심지어 분노까지도 드러내는 것이다.

얼굴 표정에는 미소짓는 것과 찡그리는 것이 있다. 당신의 얼굴은 효과적인 의사전달을 위한 가장 큰 재산 중의 하나다. 적절한 얼굴 표정으로 대화를 위한 무게를 정해서 무슨 의미인지 알도록 하라. 그러면 당신은 자신이 의미하는 것을 잘 나타낼 수 있고, 자신의 생각에 다른 사람들이 보다 더 잘 따르도록 만들 수 있다.

목소리는 성량의 고저뿐만 아니라, 크기, 억양, 속도까지도 포함하는 것이다. 목소리의 크기를 변화시킬 때는 어떤 단어나 어구를 강조하고, 변화를 주는 속도도 조절하라. 그러면 당신은 보다 더 효과적으로 말할 수 있을 것이고, 당신의 말은 훨씬 더 이해하기가 쉬워질 것이다.

군소리란 '음' '아' '당신도 알다시피' '글쎄' 등과 같이 직접 작용을 하지 않는 군더더기 말을 가리킨다. 재미 삼아 전화상으로 말한 대화내용(당신 쪽의 것만)을 녹음해 보라. 그리고 직접 작용하지 않는 말의 수를 세어 보라. 당신은 놀라게 될 것이다.

끌어들이기 기술이란 당신 쪽과 당신의 말을 듣는 사람 쪽 모두가 적극적으로 듣는 것을 의미한다. 사람들의 이름을 부르고, 질문을 하며, 대답을 듣고, 다른 사람들의 흥미거리에 대해서 이야기하는 것은 우리가 다른 사람들을 대화 속으로 끌어들이는 방법의 예들이다.

질문을 처리하는 것은 특히 비즈니스 대화에서 중요하다. 우리는 너무나 자주 질문을 잘 듣지 않거나 이미 질문한 똑같은 문제에는 대답을 하지 않는다. 순수함과 진실은 비즈니스에서 중요하다. 당신이 질문을 처리하는 방법은 당신이 같이 일하는 사람들에게 '신뢰 정도'를 높이는 척도가 된다.

유머는 청중들을 편안하게 해주고, 그들과 친숙해지는 데 활용된다. 유머는 당신이 보다 심각한 내용으로 나아갈 때 청중들이 정신적인 무장을 할 수 있도록 하는 교량 역할을 한다. 특히 자칫 지루해지기 쉬운 장시간의 프레젠테이션일 때 효과적이다.

그러나 유머를 너무 많이는 사용하지 않도록 주의하라. 너무 많이 유머를 사용하면 그 유머 때문에 메시지가 손상될 수도 있다. 예를 들어 좋지 않은 성향을 띠고 질문하는 유머가 있다. 당신이 "나는 이것을 나눠야만 합니까?"라고 질문한다면, 당신은 이미 "아니오!"라는 답변을 듣고 있는 것이다. (이런 식으로 말하는 사람은 세속적인 말로 별로 좋지 않은 이야기를 주고받기 때문에 고용인을 더욱 격려하고, 세일즈맨들의 판매를 증진시키고, 정치인들이 선거에서 이기도록 하는 데는 곤란하다고 생각한다. 분명히 이렇게 부정적인 결과는 세속적인 말이나 무미건조한 이야기의 소산이다.)

다른 사람을 소개하는 것이 당신에게는 중요한 일이 아닌 것처럼 보일는지도 모른다. 그렇지만 누군가가 매우 현명하게도 이렇게 지적했다.

"당신이 남에게 첫인상을 남길 두번째의 기회란 없는 것이다."

소개를 하는 데에서 당신은 좋은 첫인상을 남길 기회, 타인의 장점을 진지하게 인정해 주면서 그들을 매우 중요하게 느낄 수 있도록 만들 기회를 갖는다.

시각적 자료는 회의실에서 사용할 뿐만 아니라 일대일 대화에서도 사용한다. 자료까지 동원하면 듣는 이의 감각에 보다 크게 영향을 미칠 수가 있다.

이러한 커뮤니케이션 기술 분야를 잘 알게 된다면, 당신은 커뮤니케이션 기술자가 되는 것이며, 이 분야에 대해서 연구하고 공부하는 데 시간을 할애한다면 커뮤니케이션 기술을 훨씬 더 증강시킬 수 있다.

구어투와 문어투의 차이점

당신이 아무리 훌륭한 작가라 해도 글쓸 때의 언어로 말한다면, 훌륭한 커뮤니케이터가 될 수 없다.

- 구어(입말)는 듣는 이에게 쉽게 그리고 즉시 이해되는 것이어야 한다. 듣는 이가 잘못 이해를 한다면 다시 되돌리거나 다시 읽을 수가 없다.
- 구어는 좀더 반복적인 것이어야 한다. 듣는 이가 기억하기를

원하는 핵심을 몇 번 다시 언급하는 것이 중요하다.
- 구어는 보다 특색이 있어야만 한다. 그렇지 않으면 그것은 다소 진부하게 들린다.
- 구어는 문어(글말)보다 구조 면에서 보다 간단해야 한다.
- 비유하는 말은 구어에 생기와 활력을 더해 준다. 다채롭고 묘사적인 말은 특색이 없는 말을 기억할 만한 말로 바꿔 준다. 링컨은 미국을 두고 '자유가 넘치는 나라'로 묘사했다. 케네디는 그것을 '새로운 세대가 물려받은 횃불'로 묘사했다. 보그바너사의 회장 J. F. 비어는 계발되지 않은 인간 자산을 '무한한 잠재력을 갖고 있는 감겨진 스프링'과 같다고 묘사했다.

경영자의 커뮤니케이션 기술

최고의 실적자는 커뮤니케이션을 위한 분위기를 잘 조성하는 사람이다. 최고 실적자를 위한 커뮤니케이션의 가이드는 구체적으로 다음과 같다.

열린 마음은 당신과 종업원들을 개인적으로 맺어 주는 기초가 된다. 당신이 그들을 알기 원한다는 사실을 표현하도록 하라. 그리고 그들을 개인적으로 그리고 직업적으로 알도록 노력하라. 종업원들을 잘 알기 위해서는 그들의 개인적인 목표, 관심, 취미, 가족관계, 생각, 믿음 등을 알아야 한다. 관리자는 종업원들이 각자 개성을 지니고 활동하는 독특한 사람들이라는 것을 인정해야 한다.

열린 마음은 품위있는 의사소통을 할 수 있도록 이끌어 준다. 종업원을 더이상 하나의 수단으로 삼지 말고 인간으로 생각하

라. 그러면 그들은 공동의 목표에 헌신적으로 참여할 것이다.

• **경청하면서 의사소통을 하라** 열린 마음으로 종업원들을 알기 위해서는 남의 말을 잘 경청할 수 있어야 한다. 그들이 일하게 된 동기와 관심사항, 취미, 결심 등을 말하도록 격려하라. 그들의 아이디어를 경청하라. 그렇게 하는 것은 일을 잘 하도록 할 뿐만 아니라 개인적인 관계의 질적 향상도 도모할 수 있다.

사람들은 자기 자신의 아이디어를 가장 잘 이행한다. 당신이 열렬히 호응하면 종업원들도 여기에 답한다. 상호간의 호응은 성장과 훈련을 위한 무대를 조성하는 일이다. 그렇게 함으로써 사람들은 자신들의 능력을 알고 계발하게 된다.

• **당신의 자비와 인정을 다른 이들에게 알려라** 주의 깊게 듣는다면 당신과 종업원은 한층 더 친근하게 다가설 수 있다. 인간에게는 누구나 기쁨과 고통이 있다. 다른 이들의 능력과 장점을 일깨우기 위하여 당신이 자비를 베풀면 당신과 종업원 사이에는 우정이 형성된다. 그렇게 되면 서로가 자신의 책임을 다하고 성장 발전하려는 경향이 생겨나게 된다. 당신이 만일 이를 소홀히 한다면 정반대의 현상이 생겨난다. 친절은 반항적인 관계를 청산해 준다.

• **자비를 베푼다는 것은 상대방에 대한 일종의 인정이다** 그것은 인간 계발의 열쇠이다. 좋은 실적은 인간 계발의 결과이다.

• **서로 협조하는 것이 중요하다는 것을 알려라** 권위의식에 사로잡힌 행동은 인간의 성장과 조직의 계발을 방해하는 요인이다. 개인의 발전이 조직 발전의 열쇠이다.

• **인간은 누구나 실수할 가능성이 있다는 것을 알려라** 완전

무결한 사람은 없다. 실수를 했다면 그것을 인정하고 도움을 청하라. 그러면 당신의 종업원들은 당신에게도 장점과 단점이 있으며, 당신은 그것을 인정하는 사람임을 알게 될 것이다. 인간은 누구나 실수할 가능성이 있다는 것을 알리는 것은 참여를 유도한다. 누구나 실수할 가능성이 있다. 관리자도 예외는 아니다. 그것을 서로가 인정하는 분위기에서 자유롭게 의사를 결정할 수 있고, 지시를 할 수 있으며, 책임을 완수할 수 있다. 그것은 또한 사람들에게 헌신할 수 있는 분위기를 만들어 주는 일이기도 하다. 관리자는 이 말을 명심해야 한다.
 "관리란 결국 사람들을 통해서 일을 처리하는 것이다."
 ●**부모와 같이 보살피고 있다는 사실을 솔선수범해서 알리도록 하라** 우리는 누구나 부모된 입장에서 다른 사람들을 보살피고 있다. 훌륭한 부모와 마찬가지로 훌륭한 관리자는 그의 사람들에게 솔선수범을 보인다. 그럼으로써 자율적이고 책임감 있는 사람이 되도록 돕는 것이다. 솔선수범은 조직을 발전시키는 중요한 요인이다.
 ●**믿음과 사명과 기대하는 바를 알려라** 관리자는 부모와 마찬가지로 함께 일할 것을 결심하고 거기에 대해서 함께 책임을 지며 보람을 나누는 사람이다. 보람을 함께 나눈다면 사람들은 자연히 헌신할 것이다. 주어진 사명과 기대하는 바를 알린다면, 조직에 속한 사람들은 더 효과적으로 사명을 완수하려고 애쓸 것이다.
 ●**당신이 믿고 있다는 것을 알려라** 관리자가 종업원을 믿는다는 것은, 종업원들이 자신들의 목적을 위해 한껏 달려가도록 돕는 일이다. 사람을 적절히 잘 다룬다는 것은 명령하는 것도 아니요, 몰아 붙이는 것도 아니다. 신뢰할 것은 신뢰하는 한편

그들에게 요구하고 제안하라. 그들은 당신의 제안과 요구가 왜, 어떻게 나오게 되었는지 머지않아 알게 될 것이다. 칭찬하려면 많은 사람 앞에서 하라. 책망하려면 개인적으로 하라. 그러나 두 가지 다 건설적으로 하라.

● **일에 대한 재미와 행복감을 알리도록 하라**   적극적인 사람이 돼라. 자존심과 믿음 그리고 행복감은 생산성과 실적을 높여 준다. 아이의 즐거움은 내일에 대한 희망과 기쁨을 약속한다. 부모는 아이가 성숙해지도록 양육해야 한다. 그것은 곧 당신의 아이가 자연적인 능력을 발휘하도록 돕는다는 것을 의미한다. 자신의 능력을 발휘하는 아이는 반드시 기쁨을 느끼게 될 것이다.

● **당신이 기대하는 바를 알려라**   사람들을 최대한으로 대접하라. 그러면 그들은 자신에게 주어진 사명을 잘 완수할 것이다. 자신에게 기대하는 바를 저버리는 사람은 사실 찾아보기 어렵다. 종업원들에게 일의 목표, 방향, 추구할 것, 성취할 것을 알려 주어 그들이 하는 일의 중요성을 깨우쳐 주라.

〔이 기사는 제럴드 백스터(Gerald D. Baxter)와 존 바우어스(John K. Bowers)가 《훈련과 개발 저널》에 발표한 것임.〕

글쓴이의 생각대로 오늘날 전체 노동력의 48%에 해당하는 베이비 붐 세대는 40년 전의 노동력과, 심지어 20년 전의 노동력과도 상당한 차이가 있다고 강조한다. 베이비 붐 세대는 자유롭게 성장했고 권위적인 모습들에 다소 반발한다. 그뿐만 아니라 그들은 보다 솔직하고 정책결정 과정에도 참여하려는 욕망이 있다. 그들 중의 대부분은 그들의 아버지와 동등해지고 싶은 마음이 있고 그것이 모두 나쁜 것만은 아니다. 그들은 권위적인 경영자나 리더들에게는 호응을 하지 않지만 그들의 개인적인 성장이나 발전에 관심을 갖는 리더들에게는 훨씬 호응을 한다.

1986년 1월 《에어 캐나다》지에 발표된 글렌 래쉭(Glen Raschick)의 연구에 의하면, 이 신세대 멤버들은 훨씬 더 '사람들을 좋아하고' 혹독한 훈련보다 정중한 접근에 훨씬 호응한다고 한다. 결과적으로 이렇게 비권위적인 접근이 베이비 붐 세대에 훨씬 좋은 효과를 보였다. 결근도 적고, 해고·징계 처분도 적어졌고 근로의욕이 진작되었으며 잘못된 결과도 줄어들었다.

이제 다른 새로운 작업환경을 살펴보자. 최근 조사에 따르면 최고 경영자들이 첫순위로 꼽은 리더십의 항목은 훌륭하게 의사소통하는 것이었다. 의사소통하는 것은——말하기, 쓰기, 듣기, 읽기와 생각하기를 포함해서——특히 회사의 대표나 중역회의 간부들에게는 고충이 아닐 수가 없다.

'비즈니스 리더십을 위해 이수해야 할 최고의 코스는 무엇인가?'

이것은 새로 최고 간부로 승진한 1,158명의 사람들에게 미시간 대학의 대학원에서 질문한 내용이다.

그들 가운데 71.4%의 사람들은 비즈니스 커뮤니케이션이 대단히 중요하다고 답변했다. 두번째로 많은 답변은 경제학으로 64.7%였다.

국회의원이며 저술가이자 광고회사의 창설자였던 브루스 바턴(Bruce Barton)은 이렇게 말했다.

"나의 서재에는 약 1,000권의 전기(傳記)가 있다. 작가, 과학자, 성자 그리고 행동가들의 전기는 그것들 중의 일부분에 지나지 않는다. 그것들 중의 대부분은 자기 자신에 대해서 광고를 하고 싶은 사람들의 저술이었다. 말을 잘 하는 사람들이 세계를 지배하고 이끌어 나갔다. 그들은 앞으로도 세계를 지배할 것이다. 그들과 합세하는 것만이 영리한 처세이다."

대중 공포증은 겁낼 필요가 없다

 우리들은 때때로 어떤 주제를 놓고 대화를 하거나 강의를 해야 한다. 지도자의 위치에 있다면 더욱더 그렇다. 우리들이 만약 지도자이거나 관리자라면 우리는 우리의 동료들과 부하들 그리고 상사들에 의해서 판단된다. 그들은 우리가 행하는 표현이나 대화내용으로 우리를 판단한다.

 당신도 알다시피 미국의 부통령이었던 알벤 바클레이(Alben W. Barkley)는 연설을 하던 중 사망했다. 내가 그 이야기를 새삼 끄집어 내는 것은, 이 지구상에서 살아온 120억 인구 중에서 연설을 하던 중에 죽은 사람은 최소한 내가 알기로는 그 한 사람뿐이기 때문이다.

 다시 말하자면 스피치야말로 이 세상에서 가장 안전한 것이라고 할 수 있다는 말이다.

 스피치를 해야 할 때면 당신의 다리는 떨리고, 심장의 박동이 더욱 빨라질 것이며 손바닥에는 땀이 날 것이다. 그러나 그때그때의 상황에서 당신은 행하고자 하는 연설에 극적으로 도움이 되는 임시방편을 터득하게 될 것이다. 그렇게 하다 보면 자연히 스피치에 대해서도 자신감이 생겨나게 된다.

 브루스 바턴은 이렇게 말했다.

 나는 스피치를 할 때마다 약간은 초조함을 느낀다. 내가 만약 그런 초조함조차 느끼지 않는다면, 그것은 사람들이 나를 어떻게 생각할 것인지 관심이 없다는 이야기가 된다. 내가 말하고자 하는 바가 듣는 이들에게 잘 이해되고 있는지, 그렇지 않은지 관심이 없다는 이야기다. 내가 조금씩 긴장하고 있다는 것은 내가 맡은 일을 올바르게 처리해야 한다는 책임감을 느끼고 있다는 이야기가 아닐 수 없다. 그것은 건전한 것이다. 그런 긴장감은 나에게 새로운 에너지와 창조력을 불어넣어 준다.

만일 당신이 늙은 노새나 아니면 젊은 노새를 당신이 강연해야 할 군중 앞으로 데리고 나간다고 생각해 보자. 그 노새는 전혀 초조함을 보이지 않을 것이다. 어쩌면 그 노새는 그곳에서 쿨쿨 잠을 잘지도 모른다. 그러나 당신이 잘 훈련된 말을 군중 앞으로 데리고 나간다면 그 말은 크나큰 불안과 초조감을 감추지 못할 것이다.

만일 당신이 군중 앞에 설 때마다 '크나큰 불안'을 느낀다면 당신은 노새와 같은 존재가 아니라 잘 훈련된 말과 같은 존재라는 이야기다.

토스트마스터즈 인터내셔널(Toastmasters International)은 다음과 같이 지적하곤 했다.

"효과적인 스피킹이란 단순히 불안해하지 않고 행하는 연설이 아니라 불안함에도 불구하고 당신이 갖고 있는 정보를 군중에게 충분히 제공하는 것이다."

실제적인 공포와 상상의 공포

그러나 사실을 말하자면 말을 해야 할 때의 공포란 웃음거리에 지나지 않는다. 《북 오브 리스트》라는 책에 의하면 미국인들의 첫째가는 공포는 군중 앞에서 스피치를 하는 것이라고 한다. 불에 타

죽는 공포나 물에 빠져 죽는 공포보다도 더한 것이 말하는 공포라는 사실은 놀라운 일이 아닐 수가 없다.

그러므로 스피치에 대한 공포는 단지 당신만의 전유물이 결코 아니다. 그렇다면 공포를 없애는 길은 무엇인가? 두려워하는 그 일을 시작하는 것이다.

그러므로 훈련보다 더 유익한 것은 없다. 나는 여기에서 성공적인 스피치의 비결을 몇 가지 제시하고자 한다.

첫째, 스피치는 매우 쉬운 것이다. 만일 당신이 스피치를 연습하고 또 연습한다면 상상 외로 쉬운 것임을 절감하게 될 것이다.

둘째, 만일 당신이 스피치를 좋아하지 않는다면 구태여 그것을 행할 필요는 없다. 개인적인 대화에만 충실하도록 하라. 당신의 부하들과 개인적으로 대화를 원활하게 잘 하는 것도 최고 실적에 많은 보탬이 된다.

나는 당신이 무슨 생각을 하고 있는지 알고 있다. 당신은 이런 식으로 생각할 것이다. '여러 사람 앞에서 강의를 해야 할 때도 있지 않은가?'

그렇다고 할지라도 나는 당신에게 권하고 싶다. 개인적인 대화에만 충실하라고 말이다.

나는 이따금씩은 2만 명 이상이나 되는 군중들 앞에서 강연할 때도 있다. 누가 뭐래도 그것은 적은 숫자가 아닐 것이다. 하지만 나에게 있어서는 그런 강연이라고 할지라도 개인적인 스피치와 다를 바가 없다.

나의 비결은 군중 가운데서 일부만을 선정하여 그들에게만 내가 하고 싶은 말을 해주는 것이다. 나에게 친절을 베풀고 호응해 주고 나를 지원하는 사람들을 선정하여 그들에게만 나의 메시지를 충분히 전달하도록 노력한다.

만약 군중 가운데 자기의 조상이 명사였다고 자랑하는 이가 있다면 나는 스스로 영웅처럼 행세하면서 그를 이기려고 애쓰지는 않는다. 나는 그를 무시하며 나를 지원하고 나에게 친절을 베푸는 사람들에게만 마음을 보낸다.

내가 강연을 잘하면 군중 속에 포함되어 있는 나의 반대자들도 결국은 나를 좋아하게 마련이다. 중요한 것은 나의 반대자들 때문에 나의 열정과 에너지를 잃어서는 안 된다는 사실이다.

그러므로 나는 당신에게 한 명의 친절한 사람을 선정하라고 권하고 싶다. 군중 가운데에는 그런 사람이 아주 많이 있다. 그런 후에는 그의 눈을 바라보면서 그에게 말하는 것이다. 친절하다고 생각되는 대상을 조금씩 바꿔가며 행한다면 더욱 좋다. 그렇게 되면 당신은 결국 자신감을 갖게 될 것이다.

셋째, 당신이 품고 있는 자기 이미지를 고양시키고 자신감을 키워 주는 가장 좋은 방법은 당신이 직접 의사소통에 나서는 것이다. 이는 오랜 세월 동안 강사로 활동해 온 나 자신의 경험에서 우러나온 이야기다.

일단 초기의 공포를 극복하기만 하면 당신은 실제로 스피치를 즐기게 될 것이다. 앞으로 당신이 강연을 해 달라는 요청을 받고 그것 때문에 불안이 생긴다면 다음과 같은 이야기를 명심하기 바란다.

로마제국의 콜로세움에서 서커스가 공연될 당시 그리스도인 한 명이 굶주린 사자에게 던져졌다. 맹수가 그리스도인을 향해 달려드는 것을 본 관람객들은 일제히 비명을 질러 댔다. 그러자 그리스도인은 사자의 귀에 대고 뭔가를 속삭였다. 그러자 이게 웬일인가? 맹수는 공포로 덜덜 떨면서 물러서는 것이 아닌가?

그리스도인을 향해 달려들던 맹수마다 번번이 물러나고 마는 것이었다. 여러 차례나 이런 사태가 일어나자 황제는 백부장을 현장으로 보내서 사자가 왜 공포를 느끼는지 알아오라고 했다. 몇 분 후 백부장이 돌아와서 보고했다.

"그리스도인은 사자의 귀에 대고 이렇게 속삭였답니다. '저녁 식사를 한 후에는 반드시 스피치를 해야 하는데 자신 있느냐?'"

사자가 그리스도인을 잡아먹을 수 없었던 것은 바로 그 때문이 었다는 것이다. 그만큼 스피치란 누구나 어렵다고 느낀다.

□ 인간 경영의 원칙

1. 잘못된 의사소통, 보잘것 없는 의사소통, 또는 의사소통의 부재는 문제를 초래한다.
2. 말하기와 듣기를 동시에 가르치는 커뮤니케이션 프로그램에 참여하라.
3. 커뮤니케이션을 잘 하게 만드는 다음의 제안들을 명심하라.
   (1) 열린 마음은 대화를 촉진시킨다.
   (2) 경청하고 경청하고 또 경청하라!
   (3) 자비와 인정의 신호를 보내라.
   (4) 협조가 필요하다는 것을 알려라.
   (5) 사람은 누구나 실수할 가능성이 있다는 것을 용납하는 분위기를 만들어라.
   (6) 부모와 같은 보살핌으로 솔선수범하라.
   (7) 믿음을 보여 주어라.
   (8) 일의 재미와 행복을 표현하라.
   (9) 비전을 심어 주어라.

■ 보너스장

모임을 위한 커뮤니케이션

　각종 모임에는 아주 많은 정보들이 주어지고 있다. 이 때문에 각종 모임의 양상에 대해서 보너스로 엮어 보기로 하겠다. 우리 지그 지글러사가 지난 10년 동안 눈부신 발전을 거듭해 오는 동안에 나는 개인적으로 효과적인 모임의 중요성에 대해 많이 생각하게 되었다.
　마치 야생생물의 섭생 원리처럼 각종 모임도 법 아래 보호되는 원칙과 형식이 있게 마련이다. 미국 헌법이 처음으로 개정될 때 다음과 같은 내용이 첨가되었다.
　"의회는 사람들이 평화적으로 모일 수 있는 권리를 법으로 정해야 한다."
　이러한 법의 보호 아래 각종 단체는 수없이 많이 늘어났고 오늘날 사람들은 각종 단체에 참여하고 있다. 그렇다면 단체에 대한 간단한 정의를 기억할 필요가 있다.
　'단체란 같은 목적을 추구하는 사람들의 집단이다.'
　최고의 실적을 올리기 위한 도전의 하나는 목표가 성취되었는가를 알아보는 것에 있다. 비즈니스 커뮤니케이션과 생산성에 있어서 모임의 참여는 매우 중요한 역할을 하므로 효율성을 최대로 한 모임 참여 방법을 소개하고자 한다.

성공적인 모임을 위한 10가지 법칙

모임이 있기 전에

1. 필요할 때에만 모임을 가져라!
   만일 어떤 결정이 모임에 장애가 된다면 납득이 가도록 운영해 나가라. 다른 것으로 (전화 같은) 대신하는 것이 좋다면 그렇게 하라. 그 모임이 당신에게 그리 중요한 것이 아니라면 대리인을 보내도록 하라.

2. 청중이나 참석자를 제한하라!
   당신이 몇 분 동안만 있어도 된다면 그 동안만 머물러 있어라. 꼭 모임에 참가해야만 될 사람들을 초대하라.

3. 가장 적절한 시간과 장소를 택하라!
   참가자들의 스케줄에 기초해서 당신의 스케줄을 잡지 않는다면 당신은 다른 모임을 보류하게 될지도 모른다. 중요한 것은 시작하기 전에는 반드시 당신의 룸에 있어야 한다는 것이다.

4. 당신의 의제를 그들의 의제로 만들어라!
   모든 사람들이 모임의 목적, 토의에 대한 항목들과 결정사항 그리고 소요되는 시간을 알도록 하라. 가장 중요한 것은 첫번째로 의결할 내용에 우선 순위를 정하는 것이다. 그렇지 않다면 중요한 내용이 무시되어질 수도 있다.

모임 중에
5. 시간을 잘 할당하라!

시간을 계속해서 혼자만 사용할 수 있는 사람은 없다. 그러므로 시간 측정기를 사용해 그것을 지켜 보면서 진행하자(시간 측정기를 잘 활용하면 당신에게 할당된 몇 분을 유용하게 사용하고 시간을 지킬 수 있다). 시간을 잘 지키는 사람은 모임의 역동성의 열쇠가 되고 목적을 가지고 상황을 잘 관찰한다. 당신이 시간 측정기를 사용하면 당신은 정각에 시작해서 정확하게 쉬고 잘 마무리할 수 있다.

6. 의제의 방향에 따라서 모임을 조정해 가라!
당신이 원하는 방향으로 잘 이끌어 가면서 본제를 벗어나는 것, 연기되는 것, 사건의 고비 등 여러 상황을 잘 조정해 나가라.

7. 결론을 맺고 과제를 내고 마무리를 하라!
당신이 했던 내용이나 당신이 하려고 했던 내용을 어떻게 할 것인지 잘 요약하라. 누구나 계획한 대로 수행해야만 한다는 사실을 잘 기억하라. (그리고 행해야 하는 시기도 지적하라.) 그런 다음에 떠나라.

모임 후에

8. 몇 시간 안에 참가자들이 모임을 회상할 수 있는 시간을 단 몇 분이라도 마련하라!
모임을 끝낸 후 기억나는 것이 없다면 그보다 더 실망스러운 것은 없다. 과제를 강화하고 추후 모임을 체크해 보기 위해 몇 분을 잘 활용하라.

9. 누군가에게 책임감 있게 리포트를 써오도록 과제를 내주라!
결정한 내용이 효력을 발하고 발전을 이룰 수 있도록 리포트의 여러 방법을 활용하라.

10. 모임에 대한 평가를 내리고 활동이 미진한 운영위원회는 없애라!

모임은 잘 진행되었는가? 실질적으로 잘 되었는가? 쉽게 결정적인 일을 해냈는가? 그렇지 않다면 그것을 없애라. 모임 자체와 모임 속의 각종 위원회, 친목회 등을 평가하라. 모임은 잘 준비되었는가? 잘 진행되었는가? 의미있는 방법으로 모임의 목적이 성취되었으며 사람들을 참가시켰는가? 이런 질문들에 대해 NO라는 답변이 나온다면 첫번째 법칙으로 돌아가서 다시 모든 것을 시작하라.

당신이 실제로 모임이 잘 이뤄지도록 준비하는 것을 돕기 위해 이번에는 모임 계획용 리스트를 제시하고 모임을 평가하기 위한 내용도 제시해 본다.

이러한 것들을 이용함으로써 당신은 당신의 팀, 회사 또는 모임 속에서 최고의 수행자가 될 수 있다.

모임계획에 대한 체크리스트

모임 전에
공표
　· 알림
　· 초대장
　· 게시판
　· 개인적인 초대
　· 뉴스 광고(가능한 상황이라면)
의제

・계획 의제
・참가를 위한 계획
・사람들과 의제에 대한 토의
・사전 의사록
・위원회 리포트
장소와 장비
・장소 예약
・장비 예약
・필요한 자료

모임을 갖기 바로 전에
장소
・룸 정리
・자리 배열
・여분의 의자
・온도 조절
장비와 공급 문제
・AV장비 설치, 체크
・이음 코드
・마이크
・의사봉, 펠트펜, 연필, 받침
・뉴스 프린트
・시각적 자료
・비망록, 기타 다른 유인물
・이름표
모임 중에

· 모임 인사, 참가자 · 손님 좌석 배치
· 인사 그리고 지각한 손님의 자리 앉히기
· 자료 배부
· 장비 가동
· 장비 기록

모임이 끝나고… 그 후
· 사용하고 남은 자료 수집
· 장비 반환
· 청소
· 도와 준 사람들에 대한 인사
· 평가와 피드백을 읽고 분석
· 사람들이 사후 수행하도록 기억시키기
· 다음 모임을 위한 계획(날짜 등) 세우기

모임에서 사람을 다루는 법

어떠한 모임에서도 기본적으로 두 종류의 사람들을 만날 수 있다. 이야기를 하는 사람과 하지 않는 사람들. 이렇게 포괄적인 부류의 사람을 다루는 유형 몇 가지를 제시해 보겠다.

행동
· 말이 너무 많다

문제 해결
말한 것을 요약해 그들의 이야기를 짧게 줄이고 다른 사람들에게 질문을 직접적으로 하라. 그래도 말을 계속해서 하면 예를 들어 "제리가 생각한 것을 들어 봅시다"라는 식으로 말을 끊도록 유도하자. 만약 그것이 어렵다면 말하는 이가 말한 내용에 대해 다른 참가자들이 생각하는 바를 물으면서 참가자들을 당신 편에 서도록 하라.

- 빠르게 말하는 사람

빠르게 진행하는 방식은 종종 적절하고 유용하지만 여러 사람들이 함께 참여하는 것을 방해하는 것이 되기도 한다. 빠르게 답변하는 사람들에게 감사하면서 다른 사람들에게도 질문을 던져라. 당신이 여러 사람의 도움에 감사하고 있다는 것을 그들이 분명히 알도록 하라. "몇 가지 의견을 수렴해 봅시다"라고 제안해 보라. 사람들에게 요약해 보도록 하라.

- 두서없이 말하는 사람

그들이 잠시 동안 한숨 돌리려고 말을 중단했을 때 그들의 참여에 감사를 표하고 그들이 말한 것 중의 하나를 다시 언급해 주고 그런 다음 계속하라.

- 논쟁적인 사람

어떤 사람이 논쟁적이며 문제를 일으키려고 한다면 그들을 당신의 바로 오른쪽 안 보이는 좌석에 앉혀라. 그리고 못 들은 척하라. 그러나 정당한 목적에는 인정을 해주고, 옳은 부분에는 그들 편에 서도록 하라. 때때로 전체 참석자들은 그런 사람들이 고집을 부리면 그들에게 주목하게 된다. 어떤 방법도 시도가 어렵다면

• 고집이 센 사람	개인적으로 그 사람들에게 말하고 그들의 도움을 요청하라. 이런 사람은 당신이 유도하는 방향 설정에 대해 정말 이해가 불가능한 사람일지도 모른다. 좀더 숙고해 보거나 의견을 자세히 진술해 보도록 요청하라. 여러 가지 다양한 방법으로 내용을 알려서 다른 사람들이 핵심을 잘 알도록 돕는 데 힘써라. 그것이 잘 되지 않는다면 모임이 끝난 후에 그런 사람들과 여러 가지 문제에 대해 토의를 하고 싶다고 제안하라.
• 잘못된 주제	주제에 초점을 맞춰라. 빗나간 주제에 대해서는 다음과 같이 말하라. "그것 참 재미있는 내용이군요. 그렇지만 우리 모임의 범위를 넘어선 내용입니다. 미안합니다."
• 개인 자신의 문제	그 내용이 토의하는 주제에 적절하다면 그 문제에 달려들어라. 그렇지 않으면 그 문제의 심각성을 물어 보고 그것에 대해 개인적으로 토의하자고 요청하라.
• 인종 문제나 정책적인 문제	솔직하게 당신이 토의할 수 있는 것과 토의할 수 없는 것에 대해 언급하라. 토의할 수 없을 때는 다음과 같이 이야기하라. "문제가 있기는 하지만 우리 모임에서는 그런 문제를 다룰 수가 없습니다."
• 여담	말을 잠시 멈추고 다른 사람들이 대화하

	는 것을 듣도록 하라. 사람들에게 의견을 물어 보면서 당신의 토의 내용에 그들을 끌어들여라.
• 서툰 언어 선택	사람들은 생각하고 있는 훌륭한 아이디어를 어떻게 표현해야 할지 잘 알지 못할 때가 많다. 당신의 말로 그들의 아이디어를 잘 표현하도록 도와라. 다음과 같이 말하라. "아, 당신은…… 을 말하고 있군요." 서툰 언어 사용 때문에 웃음거리가 되지 않도록 그들을 보호하라.
• 분명하게 틀린 내용	다음과 같이 평하라. "그것 참 재미있는 방법이긴 하군요." 또는 "물론 당신도 자신의 의견을 말할 권리가 있습니다." 그리고 다음 의제로 계속해 나가라.
• 인격을 무시하는 것	분쟁까지 벌어졌다면 주제에 대한 직접적인 질문으로 그 분쟁을 막아라. 다른 참가자들도 토의에 끌어들여라. 그래도 분쟁이 계속된다면 나가 달라고 솔직하게 요청하라.
• 당신이 대답할 수 없는 문제	당신이 정확한 답을 잘 모르겠다면 모임의 참가자들에게 질문을 다시 해보라. 그들의 말에서 답변을 찾아낼 수도 있다.
• 지루한 상황	재미있는 것을 찾도록 하라. 재미있는 경험을 기억해 내라.
• 모임에 비협조적인 사람	직접적이면서 갑작스러운 질문들을 그들에게 하라.

- 자기 자신에 대해 소극적이고 확신이 없는 사람

그 사람이 분명 대답할 수 있다고 확신이 가는 질문을 직접 하라. 다른 참가자들이 동의하는지를 물어 보라. 모임 속에서 그들을 치켜세워 주어라.

모임을 효과적으로 진행하는 법

'자기 파괴'식의 모임을 피하려면 나중에 그것들을 평가할 필요가 있다. 다음은 보다 분명한 문제거리와 모임이 잘못되는 것을 방지하기 위한 몇 가지 조언이다.

모임에 참석하리라고 예상했던 사람들의 참여 부족 성원들은 '주인정신'을 느낄 필요가 있고 그들이 계획하고 발전을 이루는 데 참여할 수 있도록 지원해야 한다.

같은 계획, 같은 장소, 같은 시간 똑같은 것은 어떤 사람들에게는 안정감을 주지만 또 다른 사람들에게는 지루함을 준다. 모임에 참석하는 사람들은 다양한 방법과 기술을 대할 때 그 모임에 활력과 원기를 더해 줄 수 있다.

작동하지 않는 장비 미리 장비를 체크하라. 여분의 전구나 코드를 준비하라. 대안을 준비하라.

잘 알아볼 수 없는 시청각 자료 모임이 시작되기 전에 자료가 잘 보이고 선명한지를 체크하라.

계획된 의제가 없다 활동의 목적과 계획을 명확히 규정하고 참가자들이 무슨 일이 진행 중인지를 잘 알도록 하라.

적절하지 않은 좌석 배치 전형적인 학교 교실 형식의 좌석 배열은 청중에게 적절하다. 그러나 반원이나 둥근 테이블을 이용한 좌석 배열이나 기타 다른 덜 공식적인 좌석 배열은 커뮤니케이션을 쉽게 한다.

장황하고 지루한 강사들 강사에게 구체적인 주제와 시간을 알리고 모임을 진행하도록 하라.

정확한 기록이 없다 모임 계획, 토의 그리고 실제 수행이 이뤄지는 과정을 기록하라.

'앞으로'의 진행방향이 미흡하다 무슨 내용을 언제 할 것인지에 대해 충분히 계획하라.

'쇼'는 잠시 동안만 진행한다 전체 참가자들 모두를 끌어들이기 위해 '쇼'는 잠시만 보여주라.

위의 조언들은 에바 쉰들러레인먼(Eva Schindler-Rainman)과 로널드 리핏(Ronald Lippitt)의 《모임을 의기소침에서 탈피하도록 하라》에서 발췌한 것이다.

제 8 장 사기를 진작시켜라

> 세계가 이미 한계지워져 있기 때문에
> 인간에게도 한계가 있다.
> —쇼펜하우어

모든 관리자의 가장 큰 책임은 성공적인 결과를 낳는 것이다. 성공적인 결과란 사람들의 실적을 높이는 것을 의미한다.

이미 살펴본 바와 마찬가지로 관리자에게 있어서 커뮤니케이션은 필수적인 조건이다. 실적에 대한 평가기준 또한 그와 마찬가지로 필수적으로 설정되어 있어야 한다.

만일 사람들이 자신들의 할 일을 모른다면 어떻게 그들을 감독하고 실적에 대한 계획을 세울 수 있겠는가? 그러기에 상호간의 목표를 확인하고 서로 이해하는 것이 필요하다. 목표와 그에 대한 이해는 진실로 중요한 것이다. 이러한 상호간의 목표와 이해를 발전시키는 과정을 나는 수행 가치 패키지(Performance Value Package : PVP)라 불렀다.

우리는 〈제 4 장 최선을 기대하라〉에서 이 문제에 대해 토의를 했다. 이 장에서는 수행 가치 패키지의 방법과 이유에 대해 구체적으로 알아보겠다.

기억을 되살리기 위해 다시 한 번 점검해 보자.

기초적인 수행 수준은 사람들이 조직과 함께 일을 계속 하기 위해 성취해 내야만 하는 수행 정도이다. 이 수준은 자신의 위치에서 맡은 바 임무를 다할 뿐만 아니라 앞으로의 성공을 위한 토대가 되어야 하므로 기초적이라고 한다.

성공적인 수행 수준은 경영자와 고용인 양쪽 모두에 의해 적절하게 현실적으로 예상되는 수행의 정도를 말한다.

가치있는 수행 수준은 모든 일이 계획대로 잘 진행되고 고용인들이 모든 분야에서 훌륭하게 작업을 잘 해내는 상태의 수행 정도이다. 이 수준은 기대 이상으로 좋은 성적을 내는 사람을 목표로 한다.

직원들에게 수행 가치 패키지를 소개한다는 것은 그들에게 세 가지 수준에 대한 목표나 관리의 개념을 소개하는 것이다. 수행 가치 패키지가 중요한 이유는 고용인들이 그대로 그 내용에 따르기 보다는 직접 정책결정 과정에 참여한다는 데 있다. 이러한 '공통의 책임의식' 원칙은 강력한 동기부여제가 된다.

이 원칙이 예외가 가능할 때는 기초적인 수행 수준에 있을 때이다. 이 수준은 고용인들이 자기 직분에 충실하고 그 직분을 유지할 수 있는 기본적인 수준이기 때문에 가끔씩 이 수준에서는 회사나 지위상의 명령체계에 따라 지시하고 수행되기도 한다.

예를 들어 보자. 우리 지그 지글러사의 전화 상담요원은 매일 고정급료(전화 통화시간, 봉급, 수수료, 생산비, 관리비, 고용인의 이익 등의 내역을 살펴서)를 채우려면 약 600달러 상당을 평균적으로 일해야 된다. 30일 이상 동안 매일 600달러라는 평균을 채우려면 전화 상담요원은 매일같이 80통 이상의 전화통화를 시도해야 한다. 80통의 전화 가운데 20통 정도만이 원하는 수확을 거

둘 수가 있다. 이것이 우리의 손익분기점이다. 이러한 숫자들은 주의 깊게 연구해 온 것이며, 숫자의 변화 과정도 계속해서 조절해 왔다.

그러나 전화 상담요원이 이러한 할당액을 충당해 낼 수 없다면, 그에게 간부직을 맡길 수 없는 것은 당연하다. 기본적인 수행 수준에는 협상의 여지가 없다. 그래서 관리자는 처음 면접할 때 새로운 고용인에게 그 개념을 잘 소개해야 한다.

성공적인 수행 수준은 다른 이야기이다. 성공적인 수행 수준을 결정하기 위해서 관리자는 세일즈맨의 목표로부터 시작해야 한다. 우리는 ZZC(Zig Ziglar Corporation)에 우선 두 가지 방법으로 목표를 정한다.

1. 사람들은 돕는다(파는 것을).
2. 돈을 버는 것, 이익을 마음속에 두고 있다는 것은 성공을 위한 척도이고 우리의 목표이기도 하다.

그렇지만 우리가 비즈니스에서 취하려는 유일한 것은 이익을 창출하는 것이다. 그래서 우리는 우수한 상품을 전달하고 그 대가를 지불받는 것이 떳떳하다. 고용인들 스스로가 원하는 급료와 자신이 해낼 수 있는 일의 양을 결정했을 때 성공적인 수행 수준의 목표를 '따라잡는 일'은 꽤 쉬워진다.

가치있는 수행 수준은 마지막의 최종적 목표로 실제적인 '한도' 목표로서 활용된다.

그러나 만일 기본적인 수행 수준에도 부합하지 못했을 때는 어떤 일이 일어나는가? 수행 가치 패키지에 대한 우리의 우려 중 하나는 최저 수준도 달성하지 못했을 때 어떻게 반응할까 하는 점이다. 다음에 소개하는 문제해결의 3단계를 활용하면 누구나 다 승리자가 될 수 있다.

1. 상담(Consultation)
관리자가 종업원의 문제를 해결하기 위해서는 용기가 필요하다. 만일 관리자가 사람이 아닌, 문제를 공격하거나 종업원의 입장에 서서 그가 지닌 문제를 바라본다면 관리자와 종업원은 서로 반대의 입장에 서지 않고 함께 협력해서 문제를 해결하려고 하는 자세가 된다.

2. 문제의 정의(Problem definition)
관리자와 종업원은 문제가 무엇인지를 똑바로 알아야 한다. 서로 의견이 맞지 않을 때라도 적어도 문제가 있다는 사실에만은 합의해야 한다. 그러고 나면 문제가 무엇인지 비교적 쉽게 알 수 있을 것이다.

2-1. 대책 강구 관리자와 종업원은 합심해서 문제해결에 도움이 되는 아이디어를 찾아 내려고 노력해야 한다. 충분한 아이디어들이 모아질 때까지는 아이디어에 대한 개별적인 '가치판단'을 유보하는 것이 좋다. 아이디어가 떠오르는 즉시 거기에 대해서 가치판단을 내리는 것은 창조성을 저해하는 일이다.

2-2. 가장 좋은 대책 선정 관리자와 종업원은 수집한 아이디어들 중에서 문제해결을 위한 가장 좋은 대책을 선택해야 한다.

3. 행동 계획(Plan of action)
관리자와 종업원은 구체적인 행동 계획에 합의해야 한다. 거기에는 구체적인 시간표, 활동들, 그리고 실천을 위한 준비사항이 포함되어 있어야 한다.

　3-1. 검사　특히 관리자와 종업원은 진행 사항을 규칙적으로 검사해야 한다. 만일 선택한 대책이 효과가 없는 것으로 판단되면 그것은 문제가 무엇인지를 정확히 알지 못했다는 것을 의미한다. 또한 선택한 대책이 아무 효과가 없다고 판명되면 관리자와 종업원은 다른 대책을 선택해야 할 필요가 있다.

과학적이고 분석적인 문제해결의 길

　문제해결의 길을 좀더 구체적으로 살펴보기로 하자.

1. 상담

　경영의 가장 큰 문제들 가운데 하나는 바람직한 결실을 낳지 못하는 종업원들이다. 우리는 동정심과 감정이입을 구별하지 못할 때가 많다. 감정이입으로 처리해야 할 일을 동정심으로 풀려고 하는 경향이 있는 것이다. 여기에 대해서는 좀더 깊이 살펴볼 필요가 있다.

　어떤 사람에게 문제가 있다면 그것은 그 사람의 습관적인 자세나 행위에 근거하고 있음을 관리자들은 잘 알고 있을 것이다. 예를 들자면 어떤 사람은 시간을 효율적으로 관리하지 못할 수가 있다. 또 어떤 사람은 다른 사람들과 항상 다툼을 유발하는 경향이 있다. 잘못된 결정을 한사코 시인하려 들지 않는 사람도 있을 수 있고, 누군가가 약간만 비판해도 벌컥 화를 낼 수도 있다. 이처럼 문제의 종류는 셀 수 없이 많다. 그러나 가장 처리하기 어려운 문제는 당사자가 자신의 잘못을 시인하지 않는 경우일 것이다.

　누구에게나 다 약점이 있다. 그러나 약점이 현실로 드러날 경우 그 현실을 언제까지나 외면하고 있을 수는 없는 일이다. 분석하고 또 분석해 보라. 우리가 다른 사람들로부터 대접받고 또 자기 발전을 이룩하는 것은 결국 다른 사람들이 나를 어떻게 생각하느냐에 달려 있다.

　문제아에 대한 처방은 오직 한 가지가 있을 뿐이다. 당신은 그들이 자신들의 가치와 행위를 재검토하도록 안내해야 한다. 당신도 알다시피 그것은 쉬운 일이 아니다. 하지만 다른 사람들로 하여금 그들의 잠재력을 최대한 발휘할 수 있도록 이심전심으로 마음을 전하고 진정으로 그들을 돕고자 하는 관리자라면 그리 어려운 일도 아니다. 또한 이것은 관리자들이 짊어져야 할 심각한 책임 중의 하나이기도 한다. 왜냐하면 관리자가 최고 실적을 얻으려면 그들에게 실적을 올릴 수 있도록 카운슬링을 해야 하기 때문이다.

　효과적인 카운슬링은 자기 발전을 위해서는 없어서는 안 될 필수적인 조건이다. 그럼에도 불구하고 몇몇 소수의 관리자만이 성공적인 카운슬러가 되는 것은 대부분의 관리자들이 카운슬링의 과정을 잘못 이해하고 있기 때문이다.

　"카운슬링이란 마음과 마음이 대화를 나누는 것이다."
　"카운슬링이란 아버지처럼 충고하는 것이다."
　"카운슬링이란 건설적인 비판이다."

　그러나 이들 모두가 카운슬링의 모든 것을 다 말한 것은 아니다. 카운슬링의 진정한 목적은 상담자의 사고방식을 전환시킴으로써 그의 자세와 행위를 변화시키는 데 있다.

　관리자가 카운슬링을 하는 목적은 상담자가 자신의 소극적인 행위와 소극적인 자세가 실적에 미치는 영향을 직시하게 해서 자신의 소극적인 사고방식을 변화시키도록 확신시키는 데 있다. 관리자가 실적을 개선시키도록 코치하는 몇 가지 방법은 다음과 같다.

1. 카운슬링은 경영진이 당연히 해야 할 일상적인 책임이다. 그것을 경시하거나 다른 사람에게 위임하거나 장난삼아 하거나 정서적인 위기가 발생하도록 해서는 안 된다.
2. 상담을 받는 사람에게 적절한 카운슬링을 해야 한다. 카운슬링을 받는 사람이 변화되고 계발되지 않으면 카운슬링의 의의는 사라지고 만다. 상담자가 성공에 대한 열망을 갖도록 해야 한다.
3. 종업원의 배경, 경력 그리고 조직 내에서의 인간관계를 알아야 한다. 이런 정보는 이력서와 인사관리의 평가표를 보면 쉽게 파악할 수 있다. 해마다 실시되는 평가표를 모두 살핀다면 더욱 도움이 될 것이다. 문제를 해결하기 위해서는 문제가 무엇인지를 먼저 분명하게 알아야 한다.
4. 대화를 나눌 편안한 자리를 선택해야 한다. 부담감이 없는 장소가 좋다. 당신의 사무실 또는 부하의 사무실일 수도 있다. 프라이버시만 보장된다면 어디라도 좋다. 세일즈맨들을 거느리는 관리자라면 판매에 대한 카운슬링을 게을리 할 수 없을 것이다. 카운슬링이 시작되면 종업원이 편안한 자세로 대화를 나눌 수 있도록 분위기를 이끌어가야 한다.
5. 사람들은 저마다 능력이 다르다는 사실을 유념해야 한다. 자신을 비판적인 눈으로 볼 줄 아는 성숙한 사람들은 문제를 해결하는 데 비교적 쉽다. 그러나 성숙하지 못한 인격

의 소유자라면 상당한 시간이 필요하다. 그러므로 문제를 해결하기 위해서는 각 사람의 능력부터 파악해야 한다.
6. 개인의 발전을 가로막는 장벽이 무엇인지를 알아야 한다. 그 사람이 진실로 성취하기를 바라는 것이 왜, 무엇 때문에 성취되지 못하고 있는지 지적해 주어라. 상담자의 말을 단서로 대화를 풀어 나가는 것이 도움이 될 것이다. 그렇게 함으로써 마찰을 피할 수 있을 뿐만 아니라 그 사람의 가치를 인정하는 일이므로 상담자도 마음이 풀리게 된다.

　당신도 알다시피 그 사람의 자세나 행위에 문제가 있다면 그 사람의 사업의 성공은 기대하기 어렵다. 그러므로 관리자는 종업원의 잘못이 무엇인지를 지적해 주는 것이 중요하다.
　끝으로 당신이 알아야 할 것은 실천이다. 지금까지 배운 것을 최대한으로 실천해야 한다. 어떠한 변화도 생겨나지 않는다면 또는 그 변화가 일시적인 것에 불과하다면 당신은 다시 시작해야 한다. 그래도 문제가 해결되지 않는다면, 당신은 다른 행동을 고려해야 할 것이다.
　[이 기사는 미국 경영협회에서 발간하는 《퍼서널(Personnel)》지 1963년 5, 6월호에 실린 것임.]

능률을 올릴 수 있도록 격려하라

　종업원의 카운슬링에 대해서는 별로 관심이 없는 관리자도 없지는 않다. 만일 당신이 그런 종류의 관리자라면 신은 경영진에 속할 자격이 없다. 만일 당신이 부하들의 활동에 대해 관심이 없다면 당신은 관리자가 아니다. 이미 우리가 이 책의 제1장에서 살펴본바와 같이 관리란 '사람들을 통해서 일을 해내는 것'이다.

당신이 관리하는 사람들이 실적을 올리기를 원한다면 당신은 그들을 만나서 카운슬링하고 지도하며 방향제시를 해야 한다.

우리는 지금까지 문제해결의 첫번째 단계인 상담에 대해서 알아보았다. 문제해결의 두번째 단계는 문제의 정의이다.

2. 문제의 정의

간단한 문제란 별로 없다. 문제란 복잡하게 마련이다. 당신은 일반적으로 문제의 한 측면만을 바라보기 일쑤이다. 1960년대에는 장발이 문제가 아니었다. 그것은 문제의 한 단면이었을 뿐이다. 장발이 문제가 아니라, 장발로써 상투적인 표준에 반항하는 심리가 문제였던 것이다.

당신이 관리하고 있는 사람의 문제가 무엇인지 알고 싶다면 당신이 본 그대로 증상을 종이에 적어라. 당신의 종업원에게도 그렇게 하도록 부탁하라. 종이에 문제의 증상을 적더라도 문제가 정작 무엇인지를 파악하기는 그리 쉽지가 않다. 그러나 상황에 대해서 계속적으로 관찰하고 적어 나가라. 여러 가지 증거들을 확보할 수 있을 것이다.

당신이 종이에 적은 것들이 아주 적다면 그것은 당신이 여러 가지 사실들을 알지 못하고 있다는 증거이다.

문제가 무엇인지를 알아내기 위해서 당신과 종업원은 다음에 있는 질문들에 대답해야 한다.

1. 당신은 어느 분야에서 실적이 우수하다고 생각하는가?
2. 그 분야에서 실적이 우수한 것은 어째서인가?

3. 구체적인 예를 제시할 수 있는가?
4. 당신이 보통으로 해내고 있는 일은 무엇이라고 생각하는가?
5. 왜 그 일을 보통으로 해내고 있는가?
6. 구체적인 예를 제시해 줄 수 있는가?
7. 당신은 어떤 분야에서 실적 미달이라고 생각하는가?
8. 그 이유는 무엇인가?
9. 구체적인 예를 제시할 수 있는가?
10. 당신은 실적을 개선시키기 위해서 계획 세우기를 좋아하는가?
11. 실적을 개선하려면 어떻게 해야 한다고 생각하는가?
12. 당신의 계획을 실천함에 있어서 내가 무엇을 도울 수 있다고 생각하는가?

이러한 질문은 무의미한 것으로 간주될 수도 있을 것이다. 그러나 이러한 질문에 답하는 것은 한 시간 이상이나 카운슬링을 하는 것과 마찬가지로 효과가 있다. 이 질문들에 대답한다면 당신은 자신이 관리하고 있는 사람의 문제가 무엇인지를 비교적 쉽게 발견할 수 있을 것이다.

관리자는 고용인이 상황을 이해할 수 있도록 도와 주어야 한다. 그런 후에는 고용인이 스스로 개선을 하려고 노력하고, 어떠한 장애물도 극복할 수 있다는 신념으로 계획을 세울 수 있도록 도와 주어야 한다.

높은 자리에 앉아서 호령하는 것이 관리자가 할 일은 아니다. 관리자가 해야 할 가장 중요한 일은 당신에게 가장 중요한 사람이며 당신의 파트너인 종업원이 최고의 실적자가 되도록 도와 주는 것이다.

올바른 관리는 쉬운 일인가?

절대로 그렇지 않다! 경영에 대한 대부분의 책들은 관리자와 고용인들 사이에 생기는 문제의 해결이 매우 쉬운 것처럼 말하고 있다.

그러나 사실은 정반대이다. 방금 제시한 질문들에 대해서 답하려면 관리자는 심사숙고하지 않으면 안 될 것이다. 종업원 역시 심사숙고해 주도록 부탁해야 한다. 많은 고용인들이 문제가 없다고 생각한다면 그 결과의 행방은 애매해지고 말 것이다. 그렇다면 이제 당신은 어떻게 해야 할 것인가?

이미 말한 것처럼 우리는 각각의 상황을 가장 작은 요소로 나누는 작업이 필요하다. 문제거리에 대한 몇 가지 지침과 질문들을 제시해 보자.

1. 문제거리가 될 가능성을 경계하고 위험신호들을 무시하지 말라!
   1) 당신이 책임을 맡은 부분에 어떤 변화가 발생했는가?
   2) 당신이 변화를 알게 된 것은 어떤 사실 때문인가?
   3) 정확히 무엇이 변화되었는가? 또 변화되지 않은 것은 무엇인가?

2. 문제를 일으킨 결정적 요소를 명시하라!
   1) 당신에게 변화를 알도록 한 것은 첫째 무엇이었는가?
   2) 정확히 말해 문제가 가리키는 것(문제지표)은 무엇인가?
   3) 당신은 언제 그런 문제거리를 처음으로 알았는가?

4) 누가 참가하였는가?
　　5) 이러한 문제는 어디에서 일어나는가?
　　6) 팀 구성원들이 그들의 목표에 도달하지 못하게 하는 문제지표가 있는가?
　　7) 문제지표에는 어떤 유사성이나 패턴이 있는가?

3. 문제지표의 분명한 원인을 규명하라!
　　1) 당신은 전에 어떤 지표를 보았는가?
　　2) 지표의 원인은 무엇인가?
　　3) 문제지표를 제거하기 위해 어떤 행동을 취해야 하는가?
　　4) 당신이 아무런 행동을 취하지 않았다면 어떤 일이 일어났겠는가?

4. 문제를 밝히고 정의하라!
　　1) 문장 하나로 정확하고 명확하게 문제를 써본다.
　　2) 가상의 문제가 아니라는 증거를 예로 들어라.
　　3) 누가, 언제, 어디서, 무엇을, 왜, 어떻게의 원칙을 따르라.

저조한 실적의 징후와 그 처방

　관리자들이 저조한 실적을 분석하면서 유념할 만한 징후들을 알아본다는 것은 너무 단순해 보일지도 모른다. 그러나 가능한 한 빨리 그런 징후를 인정한다면 아주 큰 문제가 발생하는 것은 피할 수 있다.
　실적이 저조한 종업원들의 마음가짐은 방어적이다. 그리고 동료들에게 무관심하고 의사소통을 잘 하지 못한다. 그들은 솔선수범해서 일하지 않고 일이 잘못되었을 경우 자신의 책임으로 받아들이기보다는 다른 사람을 탓하는 경우가 많다. 그들은 남과 잘 교제하지도 않고 일에 대한 열정도 없다. 이런 태도는 부주의한 잘못을 낳고 저조한 실적을 낳음으로써 조직을 약화시킨다.

그들은 일을 불완전하게 처리하거나 전혀 수행하지 않을 때도 있다. 일을 끝내야 할 시간을 정해 주어도 잘 지키지 않는다. 또 어려운 일은 피하고 쉬운 일만 하면서 많은 시간을 보낸다. 만일 당신이 이런 징후를 발견했다면 당신과 당신의 고용인 모두를 위해서 바로 시정하도록 하라. 다음을 기억하라.

관대함은 의무를 게을리하게 만들 뿐이다.

당신은 아마 저조한 실적자와 직면하기를 자꾸 미루면서 변명만 늘어놓을지 모르겠다.

"나는 그렇게 하기가 정말 어렵다."

"나는 그녀의 감정을 상하게 하고 싶지 않다."

이런 변명거리는 결국 가장 나쁜 방법으로 당신을 방해하게 될 것이다. 용기를 가지고 대책 방안을 세워라. 당신의 설문지에 성실하게 답했는지부터 알아보자. 그런 다음 고용인만 해고하려고 할 것이 아니라 문제를 해결하기 위해서 긍정적으로 일하는 방법을 준비해야 한다.

2-1. 대책 강구

종업원과 카운슬링을 시작하기 전에는 다음과 같은 사항에 유념하라.

1. 아이디어에 대해서는 어떠한 가치판단도 하지 말라. 특정한 대책에 대해서 비판하는 것은 창조성을 막는 일이며 카운슬링을 방해하는 장애물일 뿐이다.
2. 아이디어가 충분히 모인 다음에 의논하라. 만남의 목적은 가능한 한 해결책들을 많이 수집하는 데 있다. 이 만남의 목적은 실천하는 데 있는 것이 아님을 명심하라.
3. 모든 대책들을 종이나 플립 차트에 적어라.

모든 대책들을 종이에 적어야 한다는 것은 아무리 강조해도 지나치지 않을 만큼 중요한 사항이다. 당신과 당신의 종업원이 아이디어를 수집하는 데 있어서 자유로운 마음을 가진다면 문제해결에 도움이 될 만한 아이디어들을 상상 외로 많이 수집할 수 있을 것이다.

아무리 하찮은 생각이라도 일단 종이에 적어라. 나는 카운슬링을 시작할 때면 유머러스한 예화로 말문을 연다. 별로 중요하지 않은 듯한 그런 대화가 지내놓고 보면 많은 도움이 되었다는 것을 발견하곤 한다.

2-2. 가장 좋은 대책 선정

가장 좋은 대책을 선택하려면 우선 대책들을 저울질하고 또 저울질해야 한다. 이럴 때는 벤 프랭클린(Ben Franklin)이 제시한 '더하기와 빼기 방법'이 효과적이다.

아래에 있는 표를 사용하여 적어 보면 당신의 아이디어가 구체적인 것인지 추상적인 것인지 분간할 수 있을 것이다. 당신이 수집한 아이디어들의 단점과 장점을 적어 보라.

가능한 해결책	
장점(+)	단점(-)
1._____	1._____
2._____	2._____
3._____	3._____

3. 행동 계획

  행동 계획을 세울 때는 세부적인 활동 계획만이 아니라 나중에 이러한 활동을 저울질하고 검사할 수 있도록 매일 매시간을 위한 계획을 자세히 세워야 한다. 만일 당신이 원하는 성과를 올리기 위해 가장 구체적인 계획부터 그 결과를 추구하기 시작했다면, 그때는 정말 현실적인 행동 계획이 있어야 한다.

  《정상에서 만납시다》에서 나는 어떻게 열 달 동안 17kg이나 몸무게를 줄였는지 설명한 바 있다. 17kg은 바라던 결과였다. 구체적으로 한 달에 1.7kg, 하루에 55g 가량을 줄여 나갈 것을 계획한 것이다. 17kg을 감량한다고 생각해 보면 지나친 것 같지만 하루에 55g 감량한다고 생각해 보면 가능한 것이다.

  다음으로 내가 꼭 질문해야 할 것이 있다. 그렇다면 "오늘 55g을 감량하기 위해 나는 지금 당장 무엇을 해야 하는가?" 몇 가지 좋은 생각(특별하고 측정 가능하면서 관찰도 가능한)이 있다. 정량의 식사(치킨, 생선요리, 샐러드, 과일)만 하고 여분의 빵과 버터, 디저트는 멀리 한다. 그리고 부드러운 음료보다는 달지 않은 차 종류를 마신다.

  비즈니스 상황을 예로 한 번 더 들어 보자.

  성공한 부동산업자가 자신의 여직원 중 하나가 18개월 전 일했던 직장에서보다 덜 열심히 일한다는 것을 알았다. 지난 한 달 동안 메리는 회의에 늦게 참석했고, 회의진행 중에도 마음은 딴 곳에 가 있는 것 같았다. 대체로 그녀는 남들과 섞이지 않고 혼자 지냈다. 그녀가 이전에는 사람을 교육시키는 일을 맡아 왔다는 것을 감안하면 상당히 이상한 일이었다. 그녀는 결코 상관과 마주치는 일이 없었고, 그녀가 한 일의 결과는 항상 그럭저럭이었고 조금씩 나아지는 것도 같았다. 그러나 지난 한 달 동안 그녀가 한 일의 결과는 끔찍한 것이었다.

물건을 팔 수 있는 단 한 번의 기회마저도 그녀가 맡고 있는 업무상의 부주의한 착오로 연기되고 말았다.

부동산업자는 무슨 조치를 취하거나 아니면 믿을 만한 능력있는 사람으로 대체해야겠다고 생각하면서, 메리를 자신의 사무실로 불렀다. 그녀는 사무실 문에 들어서자마자 울기 시작했다.

"사장님이 야단치시려 한다는 걸 잘 알아요. 조금도 사장님을 원망하는 건 아닙니다."

그러면서 그녀는 흐느꼈다. (바로 그때 그 부동산업자는 너무나 오랫동안, 그녀를 불러 만나는 일을 미루어 왔다는 생각을 했다. 그는 스스로에게 결코 또다시 문제거리와 직면하게 될 만큼 그렇게 오래 일을 끌지는 않을 것이라고 맹세했다.)

"아니 당신을 야단칠 작정으로 부른 건 아니오. 단지 어떻게 해야 당신이 여러 달 동안 그렇게 잘 해왔던 것처럼 의욕적으로 일할 수 있는지 알았으면 해서 불렀다오. 충격적인 무슨 일이라도 생긴 것이오?"

그녀는 평정을 되찾은 후에 설명하기 시작했다. 운전수가 딸린 구식 자동차가 있는데 여러 달 전부터 이번 달 초에는 새 차를 구입하기로 목표를 세웠는데 자신의 수입으로는 새 차를 살 수 없다는 사실에 실망해 있다는 것이었다.

"사장님도 이제 아셨겠지만 운전하기에는 곤란한 제 차 때문에에 생산성에 지장을 받는 거예요."

부동산업자는 잠시 동안 생각하더니 다음과 같이 답변했다.

"바로 그것이 당신의 문제거린가요, 아니면 문제점의 징후인가요?"

그는 계속해서 우리가 이미 다룬 바 있는 일련의 질문들을 그녀와 나누었다.

1. 당신은 어떤 방면에서 일을 잘 해낸다고 느끼죠?("어떤 일도 잘하지 못해요.")
2. 왜 그렇지요?("나는 내 자신의 기본적인 수행 능력 목표도 충실히 해내지 못합니다.") 그 부동산업자는 개인의 목표를 고려해서 활동 능력의 수위를 세 가지로 설정하고 일해 왔다. 이 여성은 그녀의 성공적인 수행 능력 수위와 가치적인 수행 능력 수위뿐만 아니라 기본적인 수행 능력이 어떤 것이라는 것을 알고 있었다. 부동산업자는 각 단계마다 요구되는 성공을 위한 활동 수위를 '하향조정'했다.
3. 나에게 실례를 들어 설명해 주시오. ("저의 기본적인 수행 능력 수위는 목표 달성했다는 소리를 들으려면 일주일에 다섯 집의 문의 두드리라고 할당되어 있어요. 하지만 전 한 집도 문을 두드리지 못했어요.")

이런 반응은 경영자가 이미 196페이지에서 살펴보았던 12가지 질문 중 4번에서 9번까지의 질문을 건너뛰게 하며 사업까지 당장 활기를 잃게 한다.

부동산업자는 메리에게 물었다.

"당신은 최고 능률 증가 프로그램을 개발하는 데 관심이 없나요?"

"제가 정말 관심을 가지고 있는 것은 새 차를 운전하는 것 뿐이에요."

그들은 둘 다 웃고 말았다. 그들은 좀더 깊게 문제거리를 탐구할 필요가 있다는 것에 동의했다.

부동산업자는 198페이지에서 개괄해 보았던, 문제를 정의하고 탐색하기 위한 일련의 질문들을 적용했다.

제1항 '문제거리가 될 가능성을 경계하고 위험 신호들을 무시하지 말라', 지침에 비추어서, 그들은 그녀의 활동 수준이 점차 떨어졌을 때 문제가 시작되었다는 것에 동의할 수 있었다.

제2항 '문제를 일으킨 결정적인 요소를 명심하라!' 지침에 비추었을 때, 그들은 그녀가 이전에도 똑같은 자동차로 훌륭하게 활동 능력을 보여 왔기 때문에 그녀의 목표인 새 자동차는 문제를 일으킨 결정적인 요소가 아니라는 것을 알았다.

제3항 '문제지표의 분명한 원인을 규명하라!' 지침 아래에서는, 부동산업자는 그녀의 목표가 비현실적이며, 그녀가 새 자동차를 사겠다는 목표를 이루기까지 충분히 현실적인 시간을 고려하지 않았음을 알았다.

제4항 '문제를 밝히고 정의하라!' 지침에 따라 그들은 문제를 다음과 같이 적어 보았다.

"메리는 새 자동차를 사는 데 충분한 현실적인 목표설정 과정을 이해하지 못했다."

문제가 현실적인 것이며 과장된 것이 아니라는 증거는 그녀가 7년이나 된 차를 몰고 있다는 사실로 충분하다. 먼저 요구되는 긍정적인 행동단계는 어떻게 현실적인 목표를 설정할 수 있는가 하는 올바른 태도이다. 그래서 그 부동산업자와 그녀는 함께 행동 계획을 발전시키기 위한 일부터 시작했다.

그들은 새 자동차라는, 바라는 결과로부터 시작했다. 메리는 정확하게 어떤 종류의 차를 무슨 색깔로 하며, 그 가격은 얼마로 할 것인가 하는 모든 선택권이 있다는 것을 잘 안다.

그들은 심사숙고해서 첫번째 직장에서 17개월 동안 메리가 해낸 일의 기록을 검사해 보았다. 그리고 그들은 원래 생각했던 넉 달 대신에 아홉 달 정도를 잡으면 자동차를 살 수 있을 것이라는 판단에 동의했다. 그리고 또한 그녀가 실적을 올리는 데 소요된 여섯 달이라는 시간도 단축할 수 있는 것이라는 사실도 발견했다.

다음으로 메리와 사장은 마지막 단계로 넘어갔다.

3-1. 검사

이 검사의 단계는 밤에 부하직원의 책상을 면밀히 조사하거나 그들의 전화내용을 들을 수 있는 장치를 하는 등의 야비한 행동을 말하는 것이 아니다. 부하직원은 언제 검사를 하게 되는지, 그 검사에서 요구하는 바는 무엇인지 알아야 한다.

메리와 사장은 그녀의 작업발전 과정을 모니터하기 위해 주말에 한 번씩 만나기로 했다. 그 약속을 통해 사장은 그가 메리의 작업에 관심이 많다는 것을 알려 줄 뿐만 아니라 그녀에게 책임을 부가할 수도 있다.

다음으로 메리와 사장은 그녀의 실적 증대만 평가한 것이 아니라 그녀 자신의 태도를 평가했다. 메리는 그녀 자신이 발전하지 않으면 자신의 직위를 유지할 수 없다는 데 동의했다. 고용주도 그녀를 해고시킬 수도 있겠지만 그것은 최선책이 아니라는 것을 확신하게 되었다.

그 부동산업자는 그녀와의 정기적인 회의(모임)를 통해 그녀가 놀랄 만큼 발전을 거듭해서 해고는 당치도 않다는 것을 확신하게 되었고, 그녀도 '정당한 절차'를 감당해 낼 수 있다는 확신을 얻었다.

사실 실행 가치 패키지는 세 가지 수위에서 각각 목표를 달성하는 것에 지나지 않는다. 목표를 결정하고 객관화하고 표준화하는 것, 또는 당신이 바라는 바가 무엇이든 간에 일곱 단계에는 변화가 없다.

당신은 782×411이 얼마냐고 나에게 묻지 않아도 된다. 그것은 당신이 그런 질문에 답변할 수 있도록 활용할 수 있는 공식을 알고 있기 때문이다.

목표설정 과정에서의 일곱 단계란 각 실행단계마다 계획을 잡는 데 활용할 수 있는 공식을 말한다.

목표설정을 위한 7단계 공식

1. 목표를 정한다.
2. 그 목표를 달성하는 데 유리한 개인적인 장점들을 나열한다.
3. 그 목표를 달성하는 데 반드시 극복해야 할 주된 장애를 알아본다.
4. 그 목표를 달성하는 데 요구되는 기술이나 지식을 결정한다.
5. 그 목표를 달성하기 위해 함께 일해야 하는 개인이나 단체, 회사나 조직 등을 정한다.
6. 그 목표를 달성하기 위한 독특한 행동 계획을 개발한다.
7. 목표를 달성할 수 있는 현실적인 시간을 결정한다.

```
┌─────────────────────────────────────────────┐
│   나의 목표 :                                 │
│                                             │
│                                             │
│                                             │
│   ─────────────────────────────             │
│   그 목표를 달성하는 데 유리한 장점 :              │
│                                             │
│                                             │
│                                             │
│                                             │
│   ─────────────────────────────             │
│   나_____는 나의 목표를 위해_____보다    │
│   더 힘을 다해 노력한다. 나는 승리자가 되기 위해 태어났다! │
│        ──────────        ──────────          │
│          (서명)              (날짜)           │
└─────────────────────────────────────────────┘
```

우리는 〈승리자가 되기 위해 태어났다〉라는 3일간의 세미나에서 이 공식을 가르쳤을 뿐만 아니라 그 공식의 활용도 가르쳤다. 우리는 이런 7단계 내용을 소책자로 발간했으며, 우리가 '세부 용지'라고 부르는 한 장의 용지에 각 단계를 체계화하여 도움이 되도록 했다.

현실적인 목표와 상사의 도움으로 메리의 생산성(그리고 성과)은 즉시 호전되었다. 8개월 후 그녀는 새 자동차를 운전하게 되었다. 그녀는 6개월 안에 새 차를 살 수 있을 정도로 그녀의 수행 능력을 월등히 높인 것은 아니었다. 그러나 아홉 달이 못 돼서 새 차를 살 수 있을 만큼은 자신을 계발했던 것이다. 그녀와 그녀의 사장이 몹시 기뻐했음은 말할 나위도 없다.

그 부동산업자는 똑같은 상황에서 훌륭한 경영자라면 누구나 취했을 행동들을 했던 것이다. 이제 그가 한 주요 행동을 반복 정리해 보자.

1. 그는 형편없는 실적에 직면했다.
2. 그는 종업원이 목표를 정확하게 정의하고 명확하게 이해하도록 도왔다.
3. 그들은 목표를 달성하기 위한 시간을 함께 결정했다.
4. 그들은 기대하는 목표를 확실히 하기 위한 관찰 수단도 함께 결정했다.
5. 그들은 점차 발전할 수 있도록 규칙적인 회의 모임을 약속했다.
6. 그들은 특별한 부수적인 요구들도 함께 수렴했다.
7. 목표를 달성하지 못했을 때는 양자가 그 원인을 분석했다.

그들은 시간적 요인들을 살펴볼 때는 신중하게 고려했다. 그녀가 직장에서 해낸 이전의 일들을 검토했으며 그녀의 목표 달성에 합리적으로 요구되는 시간을 고려했다. 형편없는 실적의 원인은 무엇이며 얼마나 실적이 저조한지도 검토했다. 이러한 모든 검토 사항을 함께 생각하면서 그 경영자는 훌륭한 관리자라면 해야 할 조치들을 정확히 실행한 것이다.

1. 수행할 일의 기준은 현실적이며 이해할 수 있는, 측정 가능한 것으로 한다.
2. 저조한 실적은 가능한 한 빨리 파악한다.
3. 실적자가 아니라 실적 내용을 비판한다.

4. 풍문이 아닌 실제로 관찰한 행동에 특별히 주목한다.
5. 서로 동의한 실적 수준을 충족시키려면 참패의 결과를 명확하게 설명해야 한다.

뛰어난 경영자는 자신의 종업원들에게 매번 계속해서 해볼 기회를 제공하는 사람이다. 그들은 종업원의 실패를 개인적인 실패로 여기며, 종업원이 계속해 나갈 수 있도록 돕는 데 가능한 한 모든 방법을 강구한다. 그들은 자기 자신뿐만 아니라 종업원들에게도 손해를 끼치는 행동에는 완고하다. 훌륭한 경영자는 최고를 요구하며 실행 가치 패키지를 성공의 도구로 활용하는 사람이다.

□ 인간 경영의 원칙

1. 목표를 달성하려면 먼저 목표를 설정하라!
2. 이것이 문제해결의 길이다.
   1) 상담하라.
   2) 문제가 무엇인지를 파악하라.
   3) 대책을 강구하라.
   4) 가장 좋은 해결책을 선택하라.
   5) 행동 계획을 세워라. 그리고 계획을 실천하라.
   6) 검사하라.
3. 성공적인 관리자들은 종업원의 실적을 개선시키기 위해서 최대한으로 지원한다.

제 9 장 대가를 지불하라

> 인생의 가장 커다란 불행은 열화 같은 박수 갈채를 기대하고 열심히 일했지만 칭찬은 커녕 비난만 받는 것이다.
> —에드거 워슨 하우

다른 사람으로부터 최선을 이끌어 낸다는 것은 그들이 최고의 실적자가 되도록 그들이 한 행위를 인정하고 거기에 대해 보상을 하며 그들에게 본보기를 제시하는 일이다. 여기에서는 성공적인 경영을 위한 위의 세 가지 요소를 살펴보기로 한다.

사람들은 인정받기를 원한다

몇 년 전, 댈러스에 있는 어느 보험회사에서 강연을 하게 되었다. 식사시간이 되어 나는 두 사람의 부사장과 나란히 앉았다. 식사를 하면서 우리는 한담(閑談)을 했다. 웨이트리스가 내 앞에 샐러드를 갖다 놓았을 때 나는 그녀를 향해 말했다.
"감사합니다."
빵이 우리 앞에 놓였을 때 나는 다시 그녀를 향해 말했다.

"감사합니다. 맛있는 요리를 갖다 주어서 정말 감사합니다. 너무나 경쾌한 걸음걸이라서 보기에 좋군요. 서두르지 않고 침착하게 일하시는 모습도요. 매우 명랑하고 친절하신 분이니, 감사를 표하지 않을 수가 없군요."

그러자 그녀는 활짝 웃으면서 칭찬해 주셔서 고맙다고 답례를 했다. 그러면서 정말 기분좋은 날이라고 했다.

나의 양옆에 앉아 있었던 부사장들은 그녀의 서비스에 대해 모른 척했다. 대꾸를 해야 할 때에는 적당히 얼버무리곤 했다. 그들은 나에게만 관심을 쏟는 것 같았다.

디저트 시간이 되자 결과가 나타났다. 초콜릿 아이스크림이 나왔는데 두 명의 부사장에게는 골프공만한 것이, 나에게는 야구공만한 것이 나왔다. 분명히 차별이 느껴졌다. 그러자 두 명의 부사장은 이중창이라도 하듯이 나에게 말했다.

"지글러 씨는 저 숙녀분을 알고 계시는 모양이군요?"

나는 정중하게 대답했다.

"아니오, 오늘 밤에 그녀를 처음 본 것입니다. 그러나 오늘 밤이 처음이라고 해서 그녀를 모른다고 할 수도 없지요."

그러자 그들은 농담 반 진담 반으로 그녀에 대해서 얼마나 알고 있느냐고 묻는 것이었다. 그래서 나는 무엇보다도 그녀는 다른 사람과 다름없는 인간이고, 인정과 관심을 원하는 인간이라는 것이 분명하다고 대답했다.

실제로 나는 그녀에게 그녀가 원하는 인정과 관심을 모두 다 안겨준 셈이다. 우리의 조직이나 가정도 마찬가지이다. 누구나 인정받기를 원한다. 누군가 좋은 일을 했을 때나 어떤 서비스를 했을 때, 단순하고 예절바르게 "감사합니다"라고 인사하는 것만으로도 그 사람을 인정하는 셈이 되는 경우가 많다.

내가 좀더 큰 아이스크림을 얻어먹으려고 여종업원에게 친절을 베푼 것은 결코 아니다. 솔직히 말해서 나에게는 커다란 아이스크림이 필요하지는 않다. 작은 아이스크림이어도 충분하다.

그러나 그녀는 자신의 필요를 충족시켜 준 나에게 보답을 한 것이다. 아이스크림의 크기로는 따질 수 없는 값진 보답이었다.

만일 당신이 다른 사람을 최고의 실적자가 되도록 신중하고 친절하게 협조하는 사람으로 가르친다면 당신도 언젠가는 거기에 대한 보답으로 아이스크림 이상의 것을 받을 것이라고 확신한다.

진심으로 사람을 관리하라

1982년 12월 6일 《월 스트리트 저널》지에는 잭 팔레비가 쓴 〈생산성을 향상시키려면 감사하다는 말을 사용하라〉는 제목의 기사가 실렸다. 나는 이 기사가 당신에게도 도움이 될 것이라고 생각한다.

사람들은 대개 사랑과 돈을 위해서 일한다. 이 두 가지를 다 충분히 얻는 사람은 소수에 불과하다. 이것보다 더 훌륭한 경영의 비결은 없을 것이다. 만일 당신이 자신의 사람들을 우선적으로 지원하고 충분한 대가를 지불한다면 당신은 상상 외로 좋은 결과를 얻게 될 것이다.

관리자들은 자신들이 전문가이고, 문제 해결사이며, 기술자라고 생각하기가 쉽다. 그러나 그들에게 있어서 가장 중요한 것은 다른 사람으로 하여금 스스로 일을 하도록 만드는 것이다. 경영의 핵심은 사람들에게 당신이 기대하는 바를 알리는 것이고, 해낸 일을 검사하는 것이며, 잘 해낸 일에 대해서는 최대로 보상하는 것이다.

　누구나 보통의 상식을 뛰어넘는 능력을 지니고 있다. 하지만 아무리 헌신적인 사람이라 하더라도 대부분은 자신의 능력 중 15~20%밖에 할애하지 않고 있다. 만일 더욱 자신감을 갖고 더 많은 격려를 받고 조직이 더 잘 구성되어 좀더 헌신적으로 노력한다면 누구나 지금의 실적보다 두 배 내지 세 배를 올릴 수가 있다. 다시 말해서, 관리자들이 아무렇게나 사람을 대하지 않고 자기의 사람들을 위해서 매사를 처리한다면 생산성의 증가는 보장된 것이나 다름없다.

　예산을 증가시키지 않고도 좋은 결실을 맺게 하는 비방 몇 가지를 소개한다.

　당신을 위해서 일하는 사람들에 대한 리스트를 만들어라. 주말이 가기 전에 각 사람이 이번 주에 어떤 공헌을 했는지를 말해 주어라. 당신이 그들의 노력을 인정하고 있음을 보여 주어라. 어떠한 대가를 치르더라도 비방은 피해야 한다. 건설적인 비판이란 있을 수가 없다. 모든 비판은 파괴적인 것이다.

　시정해야 할 잘못을 범한다고 해도 즉시 지적하지는 말라. 그것이 재발되기 직전까지는 교정을 하려고 들지 말라. 교정하도록 지시를 했다면, 당사자가 더욱 더 공헌할 수 있도록 격려를 아끼지 말라. 만일 당신이 일관성 있게 일을 처리한다면 당신은 머지않아 전문적인 관리자라는 평가를 듣게 될 것이다.

　당신의 사람들을 이따금씩 비공식적으로 방문해 보라. 현장에서 일어나는 일들을 귀로 듣고 눈으로 확인하라.

　문제점을 찾아 헤매지 말라. 장점과 잘 해낸 일들을 찾으려고 노력하라.

　당신이 발견한 것들을 적극적으로 활용하라. 관리자인 당신이 현장에서 행한 말과 행동은 당신의 사람들에게 영향을 끼친다. 상상 외로 많은 영향을 끼친다.

이런 작은 노력들은 즉시 커다란 결과로 열매를 맺을 것이다. 이런 식으로 당신이 사람들에게 관심을 보인다면 그들은 더욱 더 열심히 일하게 된다. 당신이 발견한 것들을 인쇄해서 배포하라. 인쇄 비용은 그 보상에 비하면 턱없이 싸다. 생산적인 노력들에 대한 당신의 소감을 적어서 당신의 최고 실적자들에게 보여 주는 것이다.

당신은 얼마나 혁신적인 사람이 될 수 있는가? 당신은 자신이 다른 사람들에게 막대한 영향을 끼친다는 사실을 알고 있는가? 당신의 직원들을 다룰 때 소극적인 태도로 임해서는 안 된다는 사실을 명심하고 있는가? 당신은 자신의 사람들이 공헌한 사실을 발견하려고 적극적으로 노력하고 있는가? 당신에게 속한 사람들의 장점이 무엇인지 알고 있는가? 이번 주말에 각자에게 해줄 칭찬의 말을 준비했는가?

눈에 보이든 안 보이든 칭찬은 분명히 효과가 있다. 당신은 어느 정도로 훌륭한 관리자인가? 직원들의 실적을 개선시키기 위해서 당신은 얼마만한 돈과 사랑을 투자해야 한다고 생각하고 있는가?

가라! 바로 지금 달려가서 당신의 사람들 가운데 누군가를 칭찬하고 도움이 되는 말들을 해주어라.

중요한 사람임을 느끼게 하라

관리자라면 누구나 자기의 직원들이 직장에 대해서 긍지를 갖기를 바란다. 긍지를 지닌 동료들과 종업원이 되기를 희망한다. 긍지란 중요한 것이다. 하지만 사람마다 긍지의 의미는 다르다. 어떻게 다른가?

나에게 있어서 긍지란 날마다 내가 하는 일에 대한 개인적인 책임이다. 만일 우리가 주위 사람들이 날마다 주어지는 임무를 완수할 수 있도록 격려하려면 날마다 주어지는 개인적인 책임의 중요성을 인정하고 있어야 한다. 홈 인테리어와 기프트 회사를 창설한 여류실업가 메리 크로울리는 모든 사람은 다음과 같은 간판을 달고 다닌다고 말했다.

"내가 중요한 사람임을 느끼도록 해 달라!"

만일 우리가 상대방으로 하여금 중요한 사람이라는 것을 느끼도록 해줄 수만 있다면, 진실로 그렇게 해줄 수 있다면, 우리는 최고의 실적자들을 계발할 수 있을 것이다.

누구나 다 인정받고 싶어한다. 육체노동자라도 가정의 보호자라는 인정을 받고 싶어한다. 사무직 근로자들은 자신들에게 위대한 잠재력이 있음을 인정받고 싶어한다. 세일즈 마케팅에 종사하는 사람들은 자신들에게 고소득을 올릴 수 있는 힘이 있다는 인정을 받고 싶어한다.

어떤 사람은 많은 인정이 필요하고 어떤 사람은 약간의 인정만을 필요로 한다. 내가 강조하고 싶은 것은 바로 이것이다.

세계 도처에 있는 최고의 실적자들은 건설자이고, 행동가이며, 경쟁자들이다. 그들은 남다른 인정을 원하고 있고 남다른 인정을 받을 필요가 있다. 우리는 그것을 시인해야 한다.

그러므로 최고의 실적자들을 관리하는 사람이라면 그들의 실적을 만인에게 보여 주기 위한 게시판을 개발해야 한다. 책망은 사적(私的)으로 하고, 칭찬은 공개적으로 해야 한다는 사실을 명심하기 바란다.

세상엔 이런 여자도 있다

최고의 실적자를 계발하기 위해서는 인생을 열심히 사는 법, 다른 사람을 잘 다루는 법, 그리고 다른 사람을 격려하는 법을 가르쳐 주어야 한다.

만일 당신이 좀더 친절해지고 좀더 적극적이며 좀더 명랑해진다면 당신은 사회적으로나 직업적으로 큰 도움을 주는 사람이 될 수 있다. 정신적인 면에서도 다를 바가 없다.

나는 열여섯 살 난 내 딸이 카페에서 일하기 전까지는 카페에서 일하는 사람들의 고달픔을 알지 못했다. 내 딸은 직장을 구하려다 여의치 못해서 결국은 카페에서 일하게 되었다. 나는 내 딸이 경영진과 고객들로부터 칭찬을 듣기 위해 동분서주하는 것을 지켜 보았다. 그후 나는 카페에 갈 때마다 거기에서 일하는 사람들에게 명랑한 말, 우아한 말, 낙관적인 말, 열의를 부추기는 말을 한 마디씩이라도 해주겠노라고 스스로 다짐했다. 그때의 다짐을 나는 오늘날까지도 지키고 있다.

8월의 무더운 어느 날이었다. 여럿이서 함께 점심식사를 한 나는 한 친구와 둘이서 카페를 찾았다.

그때도 나는 어김없이 나의 다짐을 실천했다. 내 앞에 앉아 있던 신사분도 나와 같은 사고방식의 소유자였다. 그 역시 명랑하게 격려의 인사를 종업원에게 해주었다.

그런데 그는 고기를 갖다 주는 종업원에게 인사말을 잊은 모양이었다. 그러자 그 여자는 허리에 양손을 척 걸치면서 그 신사를 노려보더니 한 손으로 이마의 땀을 닦으며 이렇게 말했다.

"오늘도 역시 그렇고 그런 날이군. 그래."

나는 그 광경을 그냥 보고 있을 수가 없었다. 나는 적극적인 사람으로 널리 알려져 있지 않은가?
 그래서 그녀에게 말을 건넸다.
 "오늘은 정말 좋은 날입니다. 안 그렇습니까?"
 그러자 그녀는 못마땅하다는 듯이 이렇게 말했다.
 "햇빛을 너무 오래 쪼이신 거 아녜요?"
 나는 정색을 하고 대답했다.
 "아닙니다. 난 방금 해외에서 돌아오는 길입니다. 거기서 난 먹을 것이 없어서 굶주리는 수많은 사람들을 보았죠. 옷이 없어서 거의 벌거벗고 지내는 아이들을 수없이 보았습니다. 위생시설은 정말 말이 아니었어요. 그들은 상상 외로 가난했소. 그러다가 오늘 당신을 보니 당신은 너무나 젊고 아름다우며, 무엇보다 일할 수 있는 튼튼한 직장이 있어서 행복해 보이는군요. 나는 당신이 스스로 원해서 이곳에서 일하고 있다고 믿어요. 그리고 또, 당신이 원하기만 하면 이곳에서 관리자가 될 수도 있을 겁니다. 당신이 또 미국인의 꿈을 믿고 있다면 당신은 어디에선가 독립을 할 수 있을지도 모르죠. 아니, 그렇게 될 게 틀림없어요."
 쉽게 말해서 그것은 즉석 스피치였다. 나는 그녀가 희망과 격려를 안겨주는 내 말에 감사의 표시를 할 것이라고 생각했다. 그러나 그녀는 그런 감사의 내색을 전혀 하지 않았다. 나는 잠시 뜸을 들였다가 이렇게 말했다.
 "이제 좀 기분이 좋아지셨는지 모르겠군요. 어때요?"
 그러자 그녀는 못마땅하다는 듯이 쏘아붙였다.
 "당신······혹시, 어디 아픈 거 아녜요?"

인생을 달관한 할머니의 교훈

세상을 사노라면 얻을 때도 있고 잃을 때도 있다. 하지만 이 숙녀는 지독히도 부정적인 사람이었다. 그녀에게는 삶에 대한 부정적인 태도가 몸에 배어 있었다. 그녀의 소극적인 이런 자세는 정말 고치기가 어려울 것처럼 여겨졌다. 음식을 대충 먹은 후, 나는 음식값이 적힌 티켓을 들고 그녀의 곁을 떠났다. 내 친구와 나는 딴 자리로 옮겨가 거기에서 차를 마셨다. 그런데 마침 우리 테이블에 차가 떨어져서 도움이 필요했다. 나이가 적어도 예순은 넘어 보이는 할머니 한 분이 우리에게 차를 가져다 주었다.

나는 그 나이에 그토록 반짝이는 눈을 한 노인을 만난 적이 없다. 그래서 나는 명랑하게 웃어 보이며 의례적인 의사를 건넸다.

"안녕하세요?"

그녀는 뒤로 약간 물러서면서 내 인사를 받아 주었다.

"예, 감사합니다."

그 말을 듣자 나는 반가운 기분이 들었다. 그래서 이렇게 대꾸했다.

"프론트에서 근무하는 숙녀에게도 그런 인사를 좀 배우라고 가르쳐 주세요. 그럴 필요가 있다는 생각이 들지 않으세요?"

그 말을 듣자 그녀는 겁을 내며 말했다.

"오, 안 됩니다. 저 아가씨들에게 간섭하고 싶지 않아요! 내가 그들과 어울린다면 나도 바보가 되고 말 거예요."

그 할머니는 도대체 어디에서 그런 심리학을 배운 것일까? 나는 감탄했다. 그 할머니는 적어도 정도(正道)를 걷는 사람이 분명했다. 성경에는 이런 말이 있다.

'지혜로운 자와 동행하면 지혜를 얻고 어리석은 자와 사귀면 어

리석음을 배우느니라.'

 당신의 동료가 당신의 느낌과 자세, 도덕적인 가치관이나 행위에 지대한 영향력을 미치는 것은 사실이다.

 당신은 카페에서 일하는 두 부류의 사람 중 어느 쪽과 사귀기를 원하는가? 당신은 물론 주저없이 차를 마실 때의 할머니와 사귀고 싶다고 대답할 것이다.

 이 책은 당신으로 하여금 다른 사람이 최고의 실적자가 되도록 도움을 줄 수 있는 사람이 되게 하기 위해서 씌어졌다. 카페에서 만난 숙녀 같은 사람이 아니라 차를 마실 때 만난 할머니 같은 사람이 되도록 하기 위해서 쓰여진 것이다.

이런 '상'을 들어 본 적이 있는가?

 1984년 6월, 우리는 공식적인 인정 프로그램이 필요하다는 결론을 내렸다. 이 특별한 프로그램은 회사나 개인의 성공에 적절한 자질들을 인정하고 그 내용을 '판매'하는 것이기 때문에 우리는 우리가 발전시키기를 원하는 어떤 자질을 결정함으로써 이 프로그램을 시작했다.

 우리의 요구사항과 믿음을 기초로 해서 직원들이 좋은 마음가짐으로 규칙적으로 일하고 회사에서 '오너의 일부분'임을 보여 주는 리더십 자질을 그들이 소유하고 있는 것이 중요하다고 우리는 생각했다. 최고의 실적자라면 경영주가 자신을 체크한다는 것과 고용인 자신이 그 정도를 결정한다는 사실을 알아야만 한다.

 우리가 기본적으로 분류했던 네 가지 태도——참여도, 마음가짐, 리더십과 충성심은 네 가지 인정상(認定賞)으로 변화 발전했다. 다음은 우리가 고용인들에게 제공했던 네 가지 태도에 대한 정보들이다.

지그 지글러의 인정 프로그램은 '인정받고 보상받는 것은 회사가 가치있게 여기는 것'이라는 약속을 기초로 하고 있다. 우리의 이런 철학은 다른 사람들에게서 좋은 점을 발견하려는 각 모임의 회원들에게 관심을 불러일으킨다. 지그 지글러사의 인정 프로그램은 좋은 점을 발견하도록 해주고 특별한 수행을 인정한다. 다음에 그 네 분야를 소개해 보자.

참여도 : '중국 대나무'상 정확하게 하루 종일 일하는 사람들은 현금 50달러와 장점이 적힌 증서를 받는다. 생산성이 증가하면서 비용이 좀 덜 드는데, 이는 지그 지글러사를 위한 '보너스 산출자'를 만들어 내는 것이다. 이 상의 이름은 중국 대나무에서 유래했다. 대나무는 종자를 심어도 4년 동안 전혀 싹이 안 난다. 그러다가 5년 만에 싹이 나오는데, 갑자기 6주 만에 27m 가량 자란다. 크는 것이 보이지 않아도 물을 주고 비료를 주는 것은 모두 나무가 잘 자라도록 하기 위한 조치이다. 1년에 네 번 주는 이 상은 직원들이 한 계절이나 또는 사계절 모두 인정받을 수 있게 한다.

마음가짐 : '뒝벌'상 '역학적으로 뒝벌은 날 수 없다'는 과학자들의 실험결과를 당신은 알고 있을 것이다. 몸이 너무 무겁고 날개는 너무 약하기 때문이다. 그러나 뒝벌은 실제로 날고 있다.

'나는 할 수 있다 (I CAN)'의 마음가짐이야말로 우리 지글러사가 가치있게 여기는 것이다. 이 상은 한 팀의 전체 사람들이 투표를 해서 결정한다. 수상자의 사진은 복도에 크게 전시되며 상패와 함께 현금 50달러를 받는다. 그리고 지그 지글러사 대표, 부대표와 함께 점심식사를 할 수 있다.

뒝벌상의 자격 요건
1) 이 사람은 지그 지글러사에 종사하면서 육체적, 정신적으로 그리고 영적으로 적극적인 자세를 보이는 자라야 한다.
2) 이 사람은 곤란한 상황에서 부정적으로 반작용하기보다는 호응해야 한다.
3) 이 사람은 다른 사람이 그에게 접촉할 때 그 사람의 마음가짐에 도움을 주며 그의 정신을 고양시키는 자라야 한다.

리더십 : '벼룩 트레이너'상 벼룩 트레이너는 사람들이 항아리 밖으로 뛰어나오도록(한계를 극복하도록) 가르치며, 다른 사람들로부터 'S. N. I. O. P. s(다른 사람들의 부정적인 영향을 받기 쉬운, Susceptible to the Negative Influence of Other People)'되는 것을 막아 주는 사람들이다. 이러한 리더십은 조직 속의 다양한 지위에 있는 사람들이 모두 발휘할 수 있는 것이며, 반드시 한 부서의 장이어야 할 필요는 없다. 이러한 리더들은 사무실 내에서 일어나는 맹목적 비판이나 매도하는 말, 부정적인 말들을 강력히 통제하는 임무를 가진다. 이 상은 한 팀의 임원 모두가 추천하고 회사의 대표와 중역진, 그리고 각 부의 부대표가 결정한다. 수상자는 뒝벌상 수상자와 똑같은 상을 받으며 동일한 인정을 받는다.

벼룩 트레이너상의 자격 요건
1) 이 사람은 지그 지글러사에 종사하면서 육체적, 정신적으

로 그리고 영적으로 적극적인 자세를 보이는 자라야 한다.
2) 이 사람은 다른 사람들에게서 '좋은 점을 발견하고' 직접 말로 피드백하며 그 내용을 보일 수 있어야 한다.
3) 이 사람은 다른 사람들이 성장하도록 도와 주는 방법으로 리더십을 사용한다.
4) 이 사람은 다른 사람들의 사진을 벽에 걸어 놓고 서로 분발하게 하는 방법으로 그들을 격려하는 사람이다.

충성심 충성심과 인내심은 다음과 같이 인정된다.

1. 5년 동안 근무 봉사=핀이나 반지 또는 시계를 선택한다.
2. 10년 동안 근무 봉사=휴가나 여행을 배려함.
3. 15, 20, 25년 동안 근무 봉사=중역회의에서 그 보상을 결정.

인정상은 4개월에 한 번씩 주어진다. 그 상에 대한 기본적인 자료나 여러 질문들은 중역회의에서 결정하고 해결한다.

여러 사람이 다 잘 알겠지만, 우리는 우리가 각종 상의 내용을 결정하고 그 기준을 구체적으로 설정하는 데 많은 시간이 걸렸다.

'인정상'을 활용하는 방법

모든 사람은 인정받기를 원하고, 당신의 모임이나 조직 속에 어떤 일이 일어날 것을 대비하여 항상 실행할 준비를 철저히 해야 한다고 생각한다면, 점진적인 그 과정을 살펴볼 필요가 있다. 다음에 그 과정이 있다.

1. 당신이 원하는 것과 인정받을 필요가 있는 것을 결정하라!

   이 과정에 가능한 한 많은 사람이 동참토록 유도하라. 고용인을 직접 조사(글로 쓰여진 내용이든, 구두로든)하거나, 공개 토의 또는 개인적인 면담을 실시할 수도 있다. 중요한 것은 고용인들이 생각하는 것이 그들의 성공에 중요하다는 것을 발견하는 것이다. 그렇게 하면 그들을 인정 프로그램의 '오너십'에 참가토록 할 수 있을 뿐만 아니라, 당신이 고용인들을 가치있게 볼 수 있는 통찰력을 가져다 준다.

   1982년 4월《뉴욕 타임스》기사에 따르면, 1981년 뉴저지에 있는 GM베어링 공장 근로자들은 공장 폐쇄를 막기 위해서 이 프로그램을 선택한 적이 있었다. 그러자 생산성은 80%나 올랐고, 결함이 있는 부분도 10%에서 7%로 격감했다. 불평거리도 2,000가지 정도의 높은 수위에서 최근에는 오직 3개 정도만으로 나타났다. 현재 경영자의 입장이 된 작업자들은 융통성을 늘리기 위한 새로운 작업규칙에 동의했다. 고용인들이 오너십을 공유했다고 의식할 때, 좋은 일이 일어나는 것이다.

2. 프로그램을 '판매하라.'

   고용인들은 인정 프로그램을 신뢰해야만 하고, 그것이 올바르게 관리되고 있다는 것을 알아야만 한다. 이 프로그램의 이점에 대해 말한다면 무엇보다도 그 프로그램에 참가해 '이야기하는 것'이 즐겁다는 것이다.

3. 프로그램에서 '내적 경쟁과 대인경쟁'을 잘 조정해야 한다.

   메리 케이 애쉬의 화장품회사는 '자기 수준'을 높이려고 노력하는 사람들을 가치있게 평가한다. 그래서 그녀의 회사 사람은 다른 사람들과 경쟁하기보다는 자기 자신과 더 많은 경쟁을 한다. 즉, 내적인 경쟁을 한다. 자존심에 치명타를 입히는 정말 위험한 일 중의 하나가 바로 우리 자신을 다른 사람과 비교하는 것이다. 우리는 우리의 능력에 맞추어서 '우리가 할 수 있는 한 최선을 다하는 것'이라는 사실을 기억해야만 한다. 분명히 다른 사람과 비교해서가 아니다!

4. 수상자에 대한 기준을 정할 때, 주의 깊게 판단해야만 한다.

   수상 기준은 가능한 한 객관적이어야 한다. 예를 들어 훌륭한 태도에 대한 명확한 증거가 무엇인가? 당신은 자신이 인정받기를 원하는 자질을 나타내는 '구체적이고 관찰할 만한 행동들'을 발전시키고 명시할 수 있는가? 분명히 판매량에 따라 수상받을 때는 리더십 수상자보다는 훨씬 더 객관적이어야 할 것이다. 그러나 후자의 상이 덜 중요한 것인가? 가능한 한 상에 대한 구체적인 기준을 밝혀라.

5. 정식으로 그리고 즉시 수상자들을 인정하라!

   수상을 연기하지는 말라. 또 인정 프로그램을 취소하지는 말라.

6. 저조한 실적자에게 수상하지 말라.

   특정한 분야에 수상자가 없다면, 실적이 저조한 누군가에게 수상을 하기보다는 실제로 수상자가 없다고 말하는 것이 좋다.

인정을 하지 않으면 어떻게 될까?

여론조사가인 다니엘 얀켈로비치(Daniel Yankelovich)는 《오늘의 심리학》이라는 잡지에 기사를 실은 적이 있다. 그 기사에는 1972년에서 1982년까지, 직장에서 일하는 종업원들이 쓴 일기에 의하면, 그들은 회사가 기대한 것보다 10% 정도 적게 일해 온 것으로 나타났다. 이것은 국가의 생산성과도 밀접한 관련이 있는 사실이다.

그러나 우리는 그들을 비난하기 전에 직업윤리의 중요성을 터득해야 한다. 종업원들이란 열심히, 좋은 일을 하기를 원한다. 하지만 생산성이 증가된다고 해도 종업원들 스스로가 자기들에게는 이익이 돌아오지 않을 것이라고 생각하는 데 문제가 있다.

또 다른 조사에 의하면, 종업원들은 생산성이 증가됨으로써 이익을 얻는 층은 경영진과 고객들, 그리고 주주들이라고 생각하고 있었다. 종업원들은 실제로 이익이 보장되지 않으면 생산성을 더 높이려고 애쓰지 않는다.

다니엘 얀켈로비치에 의하면, 해답은 간단하다. 생산성을 향상시키는 길은 생산성이 향상되면 종업원들에게 직접적인 보상을 안겨주는 것이다.

보상은 큰 기대를 심어 준다

일반적으로 보상을 생각할 때마다 우리는 흔히 돈을 생각한다. 격려상은 많은 조직에서 중요한 동기부여제이며, 특히 세일즈 부분에서는 더욱 그렇다. 그러나 보상에 대해 잊지 말아야 할 것은 바로 이것이다.

'오늘 작은 이익을 안겨주는 것이 내일에 대한 기대를 심어 준다.'

1984년 9월 10일자 《세일즈와 마케팅 관리》지는 성공적인 격려 프로그램 몇 가지를 뽑았다. 우리는 이제 다른 사람들의 경험으로부터 배울 것이 있다. 다음에 이어지는 것은 〈재미있는 경험〉이라는 제목의 기사에서 발췌한 것이다.

세일즈 격려상 프로그램을 계획하고 발표해서 완수할 때, 중역들은 자신의 과거 경험을 사람들에게 지침이 되도록 한다. 가장 훌륭히 해낸 일뿐만 아니라 실패한 것까지 분석함으로써 오래된 내용은 보완하고, 긍정적인 내용은 강조하며 부정적인 요소는 격려가 되는 내용으로 대체한다.

- 전체의 판매량에 대한 격려상보다 관리자들은 구체적인 상품이나 그 목적에 프로그램을 배치시키도록 노력해야만 한다.
- 대다수의 관리자들은 상품을 수여하거나 여행 보조금을 지급하는 것이 가장 효과적인 동기부여제라 생각하지만 어떤 사람들은 현금으로 보상해 주는 것을 더 좋아한다.
- 격려 프로그램의 시기에 대해 주의를 기울이면 전체 세일즈나 마케팅상 중요한 상품이나 그 운송 문제에까지 영향을 미칠 수가 있다.
- 격려 프로그램에 대한 내용을 계속해서 주지시키면 그들의 일에 대한 열정을 지속시킬 수 있다.
- 누구든지 그 혜택을 받을 수 있어야 한다.

격려·보상방법을 생산성과 결부시키는 것은 용병술에 있어서 교훈이 될 수도 있지만, 어떤 형태의 보상이 가장 확실한 효과를 낼 것인지에 관해서는 논란의 소지가 있다. 말하자면, 한 중역이 말한 것처럼, "각 개인에게는 그에 적합한 동기부여 형태가 있다"는 주장은 불충분하다는 것이다. 많은 관리자들이 경험을 통해서 배웠겠지만 상품과 여행 또는 장려금 지급 중에서 그 보상 방법을 결정하는 것은 어디까지나 주관적인 것이다.

 무엇보다 중요한 교훈은 마케팅 경영진은 세일즈맨들에게 판매동기를 부여하는 상품처럼, 격려 프로그램들을 적당히 촉진하고 보조해야만 한다는 것이다.

 관리자들이 명심해야 될 경험상의 일반적인 교훈이 있다면 그것은, 격려 프로그램은 신중하게 생각하고 계획하고 실행해야 한다는 사실이다.

 세일즈상의 만남이나 승진문제와 같은 행정적인 어려움이 다분한 모임이라고 하더라도, 모든 사람들이 충분히 이해하고 적극적으로 참여할 수 있는 간략함을 유지해야 한다.

 세일즈맨들을 프로그램에 끌어들이는 또 다른 방법은 그들에게 동기부여가 되는 질문을 간단하게 하는 것이다. 구체적인 격려가 개인에게 어떤 영향을 미치는지 알아보라. 사람들이 원하는 종류의 격려형태가 무엇인지 알아보고, 앞으로 그런 보상을 하겠다는 것을 그들이 잘 알 수 있도록 각 개인과 이야기하라.

 격려·보상 프로그램을 개발할 때의 경영진의 전반적인 의도를 요약하면, 세일즈맨들의 역할에 긍정적인 영향을 주자는 것이다. 그 방법과 수단은 이미 중역들이 경험했던 것처럼 다양하다. 관리자들은 세일즈맨들을 고무하려는 그들의 의도에 새로운 아이디어를 만들어 내려고 노력해야 한다.

사람을 다루는 기술

- 1판 1쇄 발행　1994년 1월 20일
- 1판 4쇄 발행　2012년 5월 20일

- 지 은 이　지그 지글러 · 짐새비지
- 옮 긴 이　한국언어문화연구원
- 펴 낸 이　이창식
- 펴 낸 곳　안암문화사
- 출판등록　1978년 5월 24일 제2-565호
- 주　　소　서울특별시 중구 신당동 286-125

- 공 급 처　아이템북스